偽書與禁書

林慶彰 著

airiti press
華藝學術出版社

── 自 序 ──

　　這本書所收的十一篇文章，分屬兩個研究領域：第一個領域是探討屈萬里先生和劉兆祐先生考辨古籍之方法與成就的論文，有兩篇：一是〈屈萬里先生與圖書辨偽〉一文，是二〇〇六年十二月應臺灣大學中文系之邀，在「屈萬里先生百年誕辰國際學術研討會」發表之論文。二是〈劉兆祐先生與圖書辨偽〉一文，是二〇〇七年四月東吳大學中文研究所老同學討論如何編輯劉兆祐師的七十大壽論文集時，我自願要撰寫的論文，後來刊登在《劉兆祐教授春風化雨五十年紀念文集》中。由於我個人有關古書辨偽的知識，大都來自兩位先生的教導。把探討兩位先生考辨偽書的方法與成就之論文放在卷首，有尋根究源的意義，這也表示我對兩位先生的感謝之意，如果沒有兩位先生的教導，這本書中討論偽書的論文是不可能完成的。讀者如能仔細閱讀這兩篇文章也能學到一點辨偽的技巧。

　　另一個領域是考辨當代偽書，所謂「當代偽書」，是臺灣戒嚴時期所產生的文化畸形現象。國民政府在國共內戰中戰敗，撤退到臺灣，於一九四九年五月二十日宣布全面戒嚴。由於撤退時過程非常匆促，許多知識分子未能一起同行，這些留在大陸的知識分子也就成了國民黨口中所謂的「附匪分子」，既是「附匪分子」思想一定有問題，所以他們的著作通通都被查禁。直到一九八七年七月十五日，解除戒嚴，戒嚴時間長達三十八年，這三十八年中所有大陸學者的著作都不能進口，出版商為了因應這種情勢，在翻印他們的著作時，為避免惹來麻煩，往往將作者、

書名和部分內容加以竄改，這就是作偽書，但仍有不少書被查禁了，就變成禁書。這就是當代偽書與禁書的因果關係。我探究這種現象，歸納他們竄改大陸出版品的幾種方法，撰寫了下列數篇文章：

　1. 當代偽書問題
　2. 偽書概觀──以華聯（五洲）出版社的文史書為例
　3. 一本偽書──談朱自清的《語文通論》
　4. 誰幽林語堂一默？──談林著《世界文學名著史話》
　5. 胡適之先生編過《白話詞選》？
　6. 如何整理戒嚴時期出版的偽書

這些論文先後發表在《書評書目》、《文訊》和《教育資料與圖書館學》等刊物，後來收入拙著《圖書文獻學研究論集》中。十多年後我檢視這些文章，發覺還有許多問題未曾討論，於是興致就來了，又陸陸續續寫了九篇文章，現在都一併收錄在本書中。

　　〈當代文學禁書研究〉一文，是一九九六年行政院文化建設委員會舉辦「臺灣文學出版研討會」時，應李瑞騰教授之邀，在研討會中發表的論文，後來收入《五十年來臺灣文學研討會論文集（三）》中。我在讀博士班的時候，發覺臺灣商務印書館重印的《東方雜誌》有竄改作者的嫌疑，遲遲未作詳細的核對，在二〇〇五年昌瑞卿師八十五歲大壽時，擬編輯祝壽論文集，陳仕華教授來約稿，我就撰寫了〈臺灣商務印書館竄改《東方雜誌》重印本〉一文。同年我又發現國防部所屬的《國魂》月刊有刊登禁書的嫌疑，我把馮友蘭的《新原道》、宗白華的《歌德研究》、陳介白《修辭學講話》、傅庚生的《中國文學欣賞舉隅》和朱光

潛的《談美》等書，一一與《國魂》月刊的文章相核對，發現這幾本書的內容都被《國魂》月刊拆散，改換作者名，逐期刊登出來了，這不是「只許州官放火，不許百姓點燈」的最佳範例？於是我寫了〈戒嚴時期《國魂》月刊所刊登的禁書〉一文，以反映這種畸形的文化現象。

在諸多翻印的大陸學者著作當中，以呂思勉、高亨和張舜徽先生的著作被翻印的種數最多，二〇一一年五月我應華中師範大學古籍研究所所長董恩林教授之邀，參加「張舜徽先生百年誕辰學術研討會」，我撰寫了〈張舜徽先生著作在臺灣的翻印及流傳〉一文。回國後，想到呂思勉和高亨的著作被翻印的情形，也應該有論文來反映這種現象，於是我寫了〈呂思勉先生著作在臺灣的翻印及流傳〉和〈高亨先生著作在臺灣的翻印及流傳〉兩篇文章。

我在一九八〇年撰寫〈一本偽書——談朱自清的《語文通論》〉一文時，發現有朱銘段的《經典淺說》和吳雲鵬的《中國經典常識》，內容跟朱自清的《經典常談》相同，於是我寫了〈誰剽竊朱自清的著作〉一文。坊間的詩學入門書很多，有九本內容都一樣，但書名和作者都不相同，這是出版商隨意竄改的結果，為了讓讀者了解這些書的來龍去脈，我撰寫了〈九本詩學入門書〉一文。通俗性的文學史很不容易撰寫，趙景深的《中國文學小史》，因為它隨時吸收新的研究成果，所以頗受讀者歡迎，翻印本也有七、八種之多，於是我寫了〈趙景深《中國文學小史》在臺灣的翻印本〉一文，以反映這種現象。這三篇文章作於三十年前，當時並沒有發表。這些問題雖經過這麼久，並沒有人關注，文章雖然簡短，應仍有參考價值。這次收入本書，增補了不少資料。

以上的考辨工作，看似容易，其實很難，幾乎佔用了我所有課餘的時間，但尚未考辨的偽書還很多，希望有年輕的學者加入這個考辨的行列。撰稿過程中，麻煩國立臺灣師範大學東亞學系藤井倫明教授代借該校藏書，國家圖書館孫秀玲小姐代查該館館藏，國立中正大學中國文學研究所博士生謝智光學弟代借東海大學藏書，東吳大學中國文學系博士生張琬瑩學弟代借國立臺灣圖書館藏書，內子陳美雪教授代借世新大學藏書，研究助理蔡雅如學弟從中央研究院內各所圖書館借來所需的圖書。更特別的是，舞陽美術的攝影師邱德興先生為了本書封面的作者照，辛苦了一整晚上，敬業精神令人感動。沒有各位的鼎力相助，這書無法這麼快出版。謹在此表達深深的謝意。

2012 年 11 月 5 日 林慶彰 誌於
中央研究院中國文哲研究所 501 研究室

目 次

自序 i

屈萬里先生與圖書辨偽

一、前言 1
二、辨偽方面的著作 2
三、辨偽知識的建立 6
四、考辨多種偽書 11
五、考辨典籍篇章的作成時代 16
六、結語 21

劉兆祐先生與圖書辨偽

一、前言 23
二、辨偽理論的繼承和深化 24
三、明刊本陸汴編《廣十二家唐詩》考辨 30
四、考辨《鐵函心史》 33
五、結語 39

當代文學禁書研究

一、前言 41
二、查禁圖書的動機及法令根據 43
三、遭查禁的三十年代文學作品 48
四、遭查禁的臺灣文學作品 55
五、查禁工作對學術研究的影響 61
六、結論 66

臺灣商務印書館竄改《東方雜誌》重印本
    一、前言 69
    二、竄改作者姓名 71
    三、刪除部分內容 91
    四、結語 94

戒嚴時期《國魂》月刊所刊登的禁書
    一、前言 97
    二、刊登馮友蘭的《新原道》 98
    三、刊登宗白華《歌德研究》和
        陳介白《修辭學講話》 99
    四、刊登傅庚生《中國文學欣賞舉隅》和
        朱光潛《談美》 103
    五、結語 107

呂思勉先生著作在臺灣的翻印及流傳
    一、前言 109
    二、經學著作 110
    三、哲學著作 111
    四、史學著作 112
    五、文字學著作 120
    六、翻印的出版社和時間 121
    七、結論 124

高亨先生著作在臺灣的翻印及流傳
    一、前言 125

二、經學著作 126
　　三、哲學著作 132
　　四、文字學著作 135
　　五、翻印的出版社和時間 135
　　六、結論 138

張舜徽先生著作在臺灣的翻印及流傳

　　一、前言 139
　　二、文獻學著作 140
　　三、哲學著作 145
　　四、史學著作 147
　　五、文字學著作 153
　　六、翻印的出版社和時間 153
　　七、結論 157

誰剽竊朱自清的著作 161

九本詩學入門書 165

趙景深《中國文學小史》在臺灣的翻印本 169

屈萬里先生與圖書辨偽[*]

一、前言

　　屈萬里先生一生治學特別重視學術資料的鑑別，他曾經說：「治學的目的，在獲得正確的結論。如果所根據的資料不正確，所得的知識，自然不夠真實；以之從事研究工作，所得的結論自然也不會正確。因此，鑑別學術資料，是每一個從事學術工作的人所必不可疏忽的。」[1] 所謂「鑑別學術資料」有一大部分的工作，即是辨偽。屈先生特別強調辨偽在學術研究工作的重要性，稍一不小心即有被騙的危險。

　　屈先生如何強調辨偽書的重要？曾考辨過那些偽書，或古書篇章的時代？對古代史和古代經典的研究有那些影響？凡此種種，前人相關的論文，大都未能詳加討論。一九七五年筆者就讀東吳大學中文研究所時，曾修過屈先生所講授的「中國經學史」、「文史資料研究」、「中國近三百年學術史」等課程。上課期間，屈先生都會舉一些辨偽的例子來強調辨偽與學術研究間的關係，使我們對辨偽一事也躍躍欲試。在「中國經學史」課的期末報

---

[*] 原載於《屈萬里先生百歲誕辰國際學術研討會論文集》（臺北市：國家圖書館、中央研究院歷史語言研究所、國立臺灣大學中國文學系編印，2006年12月），頁93-107。

[1] 屈萬里先生：《先秦文史資料考辨》（臺北市：聯經出版事業公司，1983年2月），第一章〈緒言〉，頁5。

告，筆者就選了「子貢詩傳考辨」的題目。碩士論文題目《豐坊與姚士粦》也是屈先生所給，可說是「子貢詩傳考辨」的擴大。一九九〇年完成的《清初的群經辨偽學》（臺北市：文津出版社，1990年3月），更可以說是碩士論文的延續。看到這些受屈先生啟發所完成的辨偽著作，心中都感念不已。

屈先生既時時強調辨偽的重要，必是治學過程的經驗之談，與辨偽有關的著作也相當多。很可惜這些著作尚未有學者合攏起來作較細密的分析。今臺灣大學中國文學系要舉辦屈先生百年誕辰國際學術研討會，乃以「屈萬里先生與圖書辨偽」為題，試作論文。筆者對此一論題了解不多，文章也寫得簡短粗略，請海內外先進能賜予指教。

二、辨偽方面的著作

屈先生與辨偽有關的論文甚多，都收在《書傭論學集》和《屈萬里先生文存》中，如果仔細分析，這些論文的性質，大抵可分為三類：

（一）考辨某書籍的作者和時代

這類書籍有的尚未被發現是偽書，屈先生是第一位作考辨的學者；有的雖有學者作考辨，但尚未有一致的結論；有的雖有結論，還可以補足證據。屈先生綜合前人的說法，加上自己的觀點，對該書籍的作者和時代作了精確的判斷，這類的論文有：

1.《舊雨樓藏漢石經》殘字辨偽

書目季刊　第 2 卷第 1 期　1967 年 9 月
　　收入《屈萬里先生文存》第 1 冊。
2.《孟子》七篇的編著和《孟子外書》的真偽問題
　　孔孟學報　第 7 期　1964 年 4 月
　　收入《屈萬里先生文存》第 1 冊。
3.《產語》的作者問題
　　國立中央圖書館館刊　新第 2 卷第 1 期　1968 年 7 月
　　收入《屈萬里先生文存》第 6 冊。

(二)考辨典籍中某篇章的時代

　　有部分古代典籍是收集許多論文而成，各篇論文的著成時代往往不一。有些為託古之作，所託的時代往往很早，有的早到堯、舜時代，實際作成的時代可能晚至春秋、戰國。這種情形，以《尚書》中的篇章為最多。群經中，屈先生以《尚書》一書用力最深，考辨《尚書》篇章著成時代的論文也最多。有：

1.《尚書》中不可盡信的材料
　　新時代　第 1 卷第 3 期　1961 年 3 月 15 日
　　收入《屈萬里先生文存》第 1 冊。
2.《尚書・皋陶謨》篇著成的時代
　　中央研究院歷史語言研究所集刊　第 28 本　1956 年 12 月
　　收入《書傭論學集》。
3.《尚書・文侯之命》著成的時代
　　中央研究院歷史語言研究所集刊　第 29 本　1958 年
　　收入《書傭論學集》。

4.《尚書・甘誓》篇著成的時代
　　大陸雜誌特刊　第 2 期　1962 年 5 月
　　收入《書傭論學集》。
5. 論〈禹貢〉著成的時代
　　中央研究院歷史語言研究所集刊　第 35 本　1964 年 9 月
　　收入《書傭論學集》。

　　《尚書》之外，考辨《詩經》詩篇作成時代的論文有：
1. 論〈出車〉之詩作成的時代
　　清華學報　新第 1 卷第 2 期　1957 年 4 月
　　收入《書傭論學集》。

　　另有辨證古書所記史事的真實與否的論文，如：
1.《論語・公山弗擾》章辨證
　　中山學術文化集刊　第 5 集　1970 年 3 月
　　收入《屈萬里先生文存》第 1 冊。

（三）敘述前人考辨的成果，作成論文

　　把前人考辨古籍的成果做歸納，納入通俗性論文或演講稿中。這些旨在宣導辨偽知識，讓讀者建立正確的古籍概念。這類的論文有：
1.《尚書》與其作者
　　中央月刊　第 5 卷第 1 期　1972 年 10 月
　　收入《屈萬里先生文存》第 1 冊。

2. 今本《尚書》的真偽

幼獅月刊　第 3 卷第 12 期　1955 年 12 月

收入《屈萬里先生文存》第 1 冊。

3. 談《竹書紀年》

書目季刊　第 9 卷第 2 期　1975 年 9 月

收入《屈萬里先生文存》第 1 冊。

此外，屈先生所作的專著往往設有專章，特別強調辨偽書的重要性。如《古籍導讀》中篇〈明版本與辨偽書〉第三小節〈辨別偽書問題〉，臚列偽書數十種，計有：經部十種，史部五種，子部三十四種，集部六種。每種偽書都有解題，解題中多引前人考辨成果，偶有屈先生的按斷之語。

又如《先秦文史資料考辨》一書，屈先生除了在第一章《緒言》第二節〈鑑別學術資料的重要〉中特別強調辨別偽書對學術研究的重要性，另外在第五章〈偽書〉，臚列二十七種偽書，都有詳細的考辨。考辨時往往援用前人的考辨成果，再加自己的按斷之語。

另有接受報社記者採訪，強調辨偽工作對治學的重要性，並舉例加以說明。這種採訪稿經整理刊出的有：

1. **參考古書要先辨明真偽**　吳雪雪採訪

中華日報　第 3 版　1972 年 12 月 4 日

2. **屈萬里教授呼籲國內學術界研究古代學問千萬勿為偽書所惑**
　楊鴻博採訪

青年戰士報　第 3 版　1972 年 12 月 4 日

由於古籍的知識非常複雜，採訪者因知識不足所造成的錯誤也不少，因此，這類的資料僅能當參考之用。

三、辨偽知識的建立

辨偽是件很專門的學術工作，有相當細密的辨偽方法，近百年來已發展成一門專門學問，也是文獻學中的一個分支。既是一種專門學問，就有其入門的知識，譬如：作偽的動機、偽書的種類、辨偽的方法、偽書的價值、偽書與時代的關係等。屈先生一直希望考辨偽書這種專門學問，能通俗化，讓更多人知道辨偽的重要性。所以，他在一般性的期刊發表論文時，最常提到的問題是辨偽書。接受訪問時，也特別強調辨偽對治學的重要性。

辨偽書既如此重要，辨偽的相關知識也應及早建立。大學中國文學系在一年級時，即有古籍導讀、國學導讀的課程，屈先生所著《古籍導讀》（臺北市：臺灣開明書店，1964年9月）一書，即是他在臺灣大學中文系講授「古籍導讀」一科的教本。所以要在大學一年級古籍導讀的課中敘述偽書的梗概，就是要青年學子及早認識讀古書與辨偽的關係。既如此，有關偽書的基本知識也就有系統介紹的必要。

(一) 偽書的類別

張心澂《偽書通考》總論中並沒有談到偽書的類別，但有〈偽的程度〉一小節，將偽書偽的程度分為九類：
1. 全偽的：如《連山》、《歸藏》、《三墳》等。

2. 偽中偽的：如《乾坤鑿度》和各緯書。
3. 偽書攙雜有真的：如《鶡冠子》是偽書，其中賈誼的《鵩賦》是真的。
4. 真書攙雜有偽的：如《莊子》中有偽篇。
5. 真偽相雜的：如《晏子》、《管子》、《文中子》。
6. 因假託撰人而成為偽書：如《本草》偽託是神農作的，若去掉這偽託的人名，就不是偽書。
7. 因誤認撰人而成為偽書：如《周禮》本來沒標明作者，因後人誤認是周公作的，就成了偽書。
8. 書不偽而書名是偽的：姚際恆《古今偽書考》列有這一類，以《春秋繁露》、《東坡志林》為例。
9. 是否偽品還在懷疑未能決定的：如《司馬法》。[2]

屈先生對張心澂的分類，並沒有提出批評，但他常常將偽書分為五大類：

1. 作者意在述古事，本無心作偽，而後人不知作者姓名，遂誤以所述之人為作者，或誤以所述古史之時代為作者之時代：前者屈先生舉《管子》、《晏子》為例，後者如《尚書》中之〈堯典〉、〈皋陶謨〉、〈禹貢〉等篇。屈先生云：「若此類者本非偽書，乃由於後世學者之誤認。而誤認之結果，其在學術上之作用，遂與偽書等，故或有以偽書視之者。惟『偽』之責任，

---

[2] 張心澂：《偽書通考》（臺北市，坊印本，不著出版年月），〈總論〉，頁 16-18，〈偽的程度〉。

不應由作者負之耳。」以前學者將此類之書等同偽書，視為毫無價值，屈先生的話對如何看待偽書，深有啟發的作用。
2. 本無其書，而鑿空杜撰者：如《漢書·藝文志》中託名神農、黃帝、大禹等時代之著作都屬於此類。
3. 原書已佚，後人偽作以充原書者：如劉炫的《連山》、豐坊的《申培詩說》、姚士粦的《孟子外書》，以及流傳最廣的《竹書紀年》等。
4. 攘竊他人作品以為己有者：如郭象竊向秀《莊子注》、宋齊丘竊譚峭之《化書》。
5. 真偽參半者：如東晉以來所傳之五十八篇本《尚書》，其中二十五篇為偽作。《墨子》、《莊子》中有後人之作。[3]

屈先生的分類顯然較張心澂氏要簡潔扼要，他在接受吳雪雪女士的訪問時，也將偽書分為五大類。

（二）辨偽方法的局限性

至於辨偽書的方法，《古籍導讀》中錄了梁啟超的辨偽方法，屈先生以為梁氏所定的辨偽方法，「可謂周至」。[4] 但是，屈先生對前人所設的辨偽方法，仍有不少疑慮，因此在辨偽的論文中，時時提醒前人辨偽方法的局限性。

屈先生不認為前人所訂的辨偽方法，可以適用於每一種偽書

---

[3] 屈萬里先生：《古籍導讀》，頁 62-54。收入《屈萬里全集》（臺北市：聯經出版事業公司，1984 年 7 月），第 12 冊。

[4] 屈萬里先生：《古籍導讀》，頁 71。

的考辨中。例如閻若璩的《尚書古文疏證》中的第三十一條〈大禹謨〉的「人心惟危，道心惟微」，出自《荀子》所引《道經》。第六十四條〈胤征〉有「玉石俱焚」的話，閻氏以為襲用魏晉的用語。歸納閻氏的方法，即所考辨之書的文句如果與他書文句相同的，以為所考辨之書抄自他書。屈先生很不以為然的說：

> 近人考論先秦書籍（此指真正傳自先秦的而言）之真偽的，常常喜歡用閻百詩考證偽《古文尚書》的辦法，即凡本書與他書的句子或意義相同的地方便以為是本書襲自他書。以〈堯典〉為例吧，《孟子》所舉的「二十有八載，放勳乃殂落⋯⋯」，明明地是引自〈堯典〉，而近人卻硬說是〈堯典〉襲自《孟子》。我們須知道考辨有心作偽的書（如偽古文《尚書》之類），可以用閻百詩的方法，考論無心作偽的書，如果也是用那種方法，就不免深文羅織，故入人於罪了。[5]

屈先生以為《孟子》中所舉的「二十有八載，放勳乃殂落⋯⋯」，是《孟子》引自〈堯典〉，近人卻硬說是〈堯典〉襲自《孟子》。屈先生以為閻若璩的考辨方法僅能用在有心作偽的書上，不能用在像〈堯典〉這種無心作偽的書上。這點不可不注意。

　　屈先生又以為先秦文獻往往依口頭流傳，所以同一篇文字有

---

[5] 屈萬里先生：〈尚書皋陶謨篇著成的時代〉，《書傭論學集》（臺北市：臺灣開明書店，1969年3月），頁83。收入《屈萬里全集》，第14冊。

許多不同的傳本,不能以為乙本據甲本修改,或乙本根據甲本作偽。他強調:

> 因為竹簡既笨重,傳寫又困難,所以許多重要文獻及詩歌,往往依靠口頭流傳。又因為流傳的人,不能每一個都背誦得一字無訛,所以同一篇文章,而有許多不同的傳本,乃是很自然的事。明乎此事,可知墨子所引的〈禹誓〉和今傳本〈甘誓〉在字句間雖然有些不同,而實是一個祖本,決不是後人據墨子所見〈禹誓〉而有意加以修改,更不是後人據《墨子》的材料,而偽造了〈甘誓〉,因為在先秦時代,雖然有根據傳說以追述古事的事實,但還沒有偽造古書的風氣。至於說把舊有的文獻而有意的改上幾句話,那也必定是為適應什麼才會有那種舉動,而在〈甘誓〉裏,實在找不出來這類的痕跡。所以《墨子》所引的〈禹誓〉,實際上就是今傳的〈甘誓〉,只是字句間有些不同。[6]

這裡,屈先生舉《尚書‧甘誓》和《墨子‧禹誓》為例,以為兩篇實來自一個祖本,不能說後人據〈禹誓〉而偽造了〈甘誓〉。前人對兩篇文章內容相同和相近的,往往以為乙篇抄自甲篇,並斷定乙篇的時代晚於甲篇。屈先生根據自己多年考辨先秦典籍的經驗,以為並不可以作這樣的判斷。

---

[6] 屈萬里先生:〈尚書甘誓篇著成的時代〉,《書傭論學集》,頁109。

屈先生對梁啟超《古書真偽及其年代》中所述辨偽方法雖沒有具體的補充，但以上所述兩點，不僅可防止辨偽方法的濫用，也可以作為研究先秦古籍的重要方法。屈先生所述看似小事，但他的用意是要學者對先秦古籍能建立正確的觀念，以免影響研究成果的正確性，從這一點來說，屈先生對後學的啟發，不可說不大。

四、考辨多種偽書

屈先生考辨偽書的論著大抵可分為三種，一是前人並不知該書為偽書，屈先生第一次作考辨者，如《舊雨樓藏漢石經》；二是前人懷疑是偽書，尚未有正確結論者，如《產語》；三是前人已知該偽書之作偽者，屈先生補足證據者，如《孟子外書》。茲分述如下：

（一）考辨《舊雨樓藏漢石經》

國立中央圖書館（現改為國家圖書館）有一部剪貼的漢石經殘字拓本，書名題作《舊雨樓藏漢石經》，共計四冊。把漢石經殘字的拓片，每行剪成一條，然後截長補短，裝裱成冊，每半葉六行，每行十字，所存殘字，七經都有，估計：《易》約三千二百字，《書》約一千一百字，《詩》約二千八百字，《儀禮》約一千二百字，《春秋》約一千七百字，《公羊傳》約一千二百字，《論語》約一千二百字，合計約一萬二千多字，漢石經殘字經後人發現的也不過四千餘字，今舊雨樓藏拓本竟多達一萬二千字，而不為學界所知，屈先生也深感懷疑，經過詳細辨證，始知乃方

若所偽。屈先生考辨的過程是：

1. **從字體不合考辨**

　　漢石經的碑數多達四十六個，因手寫的人不一，各經的字體有相當的差異，即使同一經的字體也有出入。可見，漢石經是許多人合寫的，但舊雨樓所藏殘字，七經的字數達一萬二千字，卻完全出於一手，從這點已可以證明舊雨樓所藏漢石經殘石全部是偽刻。

2. **從碑數不合考辨**

　　王國維推定漢石經共四十六碑，張國淦作《漢石經碑圖》根據王氏的說法，推定《尚書》為五個碑，連碑陰共十面。碑陽和碑陰刻字的行數最多四十一行，最小二十六行，相差達十五行。根據前人的說法，漢石經碑大小相同，字體也差不多大小，行款疏密也大致一樣，既如此，行數不可能差到十五行之多。屈先生自己根據漢石經殘字將《尚書》復原，僅四碑八面，可見舊雨樓的殘字與事實不合。

3. **從殘石部位不合考辨**

　　《尚書》的碑石本應該是四碑，《舊雨樓藏漢石經》根據張國淦的碑圖作五碑，把本來應該分在兩碑的經文，卻刻在一塊碑上。屈先生舉三個例子來證明舊雨樓的殘字與事實不合。

4. **從錯改經文考辨**

　　舊雨樓漢石經根據張氏《碑圖》來刻石，有因襲《碑圖》而誤的，屈先生舉出數個足以辨明偽跡的例子，如〈微子〉

「小民方興,相為敵讎。」「方」字,張氏《碑圖》作「旁」,是受段玉裁《古文尚書撰異》的影響,《舊雨樓藏漢石經》也做「旁」,足見因襲張氏《碑圖》而來。

(二) 考辨《產語》

《產語》是一部講生產分配、統制經濟的書。[7] 全書有十二篇,用漢文書寫,文體很像戰國諸子,引用管子、晏子、李悝、白圭等人的話很多。書後有太宰純的〈跋〉說:

> 夫古書之逸于中夏而存于我日本者頗多,如《古文尚書》、《孝經》,其昭昭者已。誰知此書非管、晏、李、白之徒所著,亦逸于古夏而存于我日本者乎?

可見太宰純以為該書是中土亡佚而存於日本的古書。但卷前有太宰弟子宮田明的〈序〉說:

> 王弇州嘗作《左逸》、《短長》也,而曰獲之嶧陽與齊之野;豈以其修辭立說,擬議成章,錯諸戰國秦漢之間,不可間疑乎?亦唯自信之篤如是夫?春臺先生著《產語》十二篇,蓋亦弇州之為哉。

宮田明說到明人王世貞作《左逸》、《短長》,是因「自信之篤」。這裡所提到的「春臺先生」,即他的老師太宰純。宮田明以為《產語》乃其師太宰純所作,一如王世貞之偽作《左逸》、《短長》。

---

[7] 《產語》今傳最早的刊本是日本寬延二年(1749)刊本。

宮田明的〈序〉文後段又說：

> （春臺先生）嘗著《經濟錄》，頗備一代之治，其書秘而藏之。乃如此書，亦其緒餘。……而託諸古之人，亦唯自信之篤，必以其擬議成章，錯諸戰國秦漢之間不可間疑也。

宮田明以為《產語》是承繼太宰氏的《經濟錄》而來，因太宰氏自信太過，所以託之於戰國秦漢之間。可見宮田明的〈序〉已明指《產語》為太宰純所作，而假託為先秦諸子之書。除宮田明以為太宰氏所作外，太宰氏的老師荻生徂徠，讀了《產語》數篇之後也斷定是太宰的著作。[8]

在日本，有神谷正男（1910－）專門研究《產語》，以為《產語》全書和太宰氏的思想、文體都大不相同，假定《產語》是《漢書‧藝文志》裡農家部野老書的東渡古佚文，是戰國末到秦代間的人所作。神谷氏所作有《產語の研究》第一冊《校注篇》（東京都：書籍文物流通會，1962 年），接著神谷氏又編有《產語とその批評》（東京都：編者，1964 年 1 月），收錄多篇討論《產語》的文章。其中有署名王叔岷、黃得時的文章〈產語的時代〉，估計是神谷正男曾來函向王、黃兩先生請教《產語》的時代問題，王、黃兩人考辨後告知是東晉前後的作品。

神谷氏曾將《產語の研究》送給梁容若氏，梁氏作了書評〈評

---

[8] 前澤淵明：《太宰春臺》（東京都：嵩山房，1920 年 10 月）。

神谷正男博士著產語研究〉,[9]梁氏考辨的結果以為《產語》是太宰純偽作。神谷氏又將《產語の研究》和《產語とその批評》,送給屈萬里先生,屈先生寫了〈產語的著者問題〉[10]作為回應。

　　從上文的論述,《產語》一書的作者已有戰國秦時代、東晉前後、太宰純等三種不同的說法。屈先生綜合王叔岷、黃得時、梁容若等人的考辨,再提出自己的看法,例如:王、黃二先生提出《產語》引用不少漢人著作,不是秦以前之書,屈先生以為:
1.〈有人〉篇有「峻宇雕牆,姬妾數百」二語,「峻宇雕牆」一語出於偽《古文尚書・五子之歌》。〈五子之歌〉為晉人偽作。
2.〈四民〉篇有「冠履倒置」一語,這話出於《後漢書・楊賜傳》。《後漢書》是劉宋范曄作的。
3.〈冷無疆〉篇有「大王少嗜文學,長懷詩書,又好辭賦」之語。「辭賦」二字連用,始見於梁劉勰《文心雕龍》。

　　從以上幾個證據來看,可知《產語》的著成時代,不會早於東晉以前,也不會早於梁代以前。梁容若以為《產語》為太宰氏所作,舉出《產語・樂施》篇受明人劉基〈尚節亭記〉的影響,〈皋賓〉篇所載「梁人有蓄貓者」故事,出自明人劉元卿的《應諧錄》。屈先生舉出〈有土〉篇中「雖非麻油,則然於魚膏」二語,以為是受徐鉉《稽神錄》的影響。《稽神錄》云:

---

[9] 該文收入梁容若:《日本漢學研究概觀》(臺北縣:藝文印書館,1972年9月),頁117-122。
[10] 原刊於《國立中央圖書館館刊》,新第2卷第1期(1968年7月)。收入《屈萬里先生文存》第3冊,頁1185-1190。

> 廬山下賣油者，……為暴雷震死。……其母一夕夢緋
> 衣人告曰：「汝子恆以魚膏雜油中。……。」[11]

屈先生以為這是油與膏並舉的出處，《產語‧有土》篇「雖非麻油，則然於魚膏」兩句話，顯然是受到徐鉉《稽神錄》的啟發。

屈先生最後作綜合判斷說：「《產語》既不出於先秦，也不出於東晉以前，已足以證明它那古色古香的外衣（文辭），全是偽裝。而它又有受《稽神錄》和〈尚節亭記〉之影響的可能。然則它襲用明人劉元卿的《應諧錄》，又有什麼可異呢？」[12]因此判斷《產語》不會產生於明代以前，其作者應該是荻生徂徠和宮田明所說的太宰純。

五、考辨典籍篇章的作成時代

古代的典籍，有不少由許多篇文章編輯而成，如：《易傳》、《尚書》、《禮記》、《大戴禮記》、《莊子》等，各篇著成時代不同，作者也不一。如不能確定典籍中各篇的時代，即無法利用這些篇章來從事研究。所以從民國初年以來，考辨典籍篇章作成時代的風氣也就很盛。屈先生考辨《尚書》、《詩經》篇章的論文相當多。

---

[11] 徐鉉：《稽神錄》（臺北市：臺灣商務印書館，1983 年影印《文淵閣四庫全書》，第 1042 冊），卷 1，頁 4。
[12] 同註 10。

《尚書》方面，屈先生曾經作〈尚書中不可盡信的材料〉一文，文中特別考辨〈堯典〉、〈皋陶謨〉、〈禹貢〉、〈甘誓〉、〈牧誓〉、〈洪範〉等六篇，認為這些篇章都是春秋戰國時代的人述古之辭。為了要弄清楚這些篇章的正確作成時代，屈先生分別為〈皋陶謨〉、〈文侯之命〉、〈甘誓〉、〈禹貢〉四篇撰文作考辨，茲簡述如下：

(一)〈禹貢〉

〈禹貢〉的作成時代，歷來有多種說法，主要的有二，一是作於春秋戰國時代，主張這種說法的有傅斯年、梁啟超、吳其昌、郭沫若。二是作於戰國時代，主張這種說法的有顧頡剛、丁文江、衛聚賢、許道齡、張西堂、內藤虎次郎等。由於前人的結論並不一定正確，所以撰文重新檢討。

屈先生從七個方向來作考辨，並判斷〈禹貢〉的作成時代：
1. 以梁州貢鐵證明〈禹貢〉不得早於西周時代。
2. 以五服證明〈禹貢〉不得早於周穆王之前。
3. 以梁州疆域證明〈禹貢〉不得早於春秋初年以前。
4. 以九州證明〈禹貢〉不得早至春秋中葉以前。
5. 以揚州三江證明〈禹貢〉不應早於春秋以前。
6. 以揚州和徐州貢道證明〈禹貢〉不應晚至戰國時代。
7. 以五行、五岳和大九州證明〈禹貢〉不應晚至戰國時代。

以上 1 至 5 是考辨〈禹貢〉為春秋時代的作品。6、7 證明〈禹貢〉不應晚至戰國時代，主要仍在證明〈禹貢〉為春秋時代所作。由於認為〈禹貢〉作於戰國時代的學者最多，屈先生的說法非有堅

強的證據，不足以服人。上文所述6、7兩項即是關鍵的證據。

屈先生從揚州和徐州貢道來考辨。〈禹貢〉記揚州貢道說：「沿于江海，達于淮泗。」可見〈禹貢〉成書時長江和淮河之間，還沒有相通的水道。魯哀公九年《左傳》記載吳王夫差完成溝通江、淮的水道。如果〈禹貢〉完成於戰國時代，揚州入貢，就不必由江浮海入淮，可知〈禹貢〉當作成於魯哀公九年以前。

其次以五行、五岳和大九州來證明。〈禹貢〉中只有六府，沒有五行。六府是水、火、金、木、土、穀。五行是六府減去「穀」。屈先生以為五行的名目起於春秋時代，但用五行來配四方、四時、五色，是戰國以來的習氣，〈禹貢〉中沒有五行神秘化以後的跡象，可見作成於戰國以前。五岳之說始於〈堯典〉，〈堯典〉為戰國作品，〈禹貢〉中沒有提及五岳，可見作於戰國之前。另外，戰國時鄒衍的大九州之說，提及「赤縣神州內自有九州，禹之序九州是也。」可見〈禹貢〉九州之說，在鄒衍之前早已流行。屈先生就是根據以上的論證，證明〈禹貢〉為春秋時代的作品。

（二）〈皋陶謨〉

屈先生先從〈皋陶謨〉襲用〈禹貢〉、〈堯典〉的句子和成語，證明〈皋陶謨〉應作於〈禹貢〉、〈堯典〉之後，然後考辨〈禹貢〉作於春秋中葉，〈堯典〉作於戰國初年。再引《孟子》證明孟子時〈皋陶謨〉已流行，證明該篇作成於戰國初年，而稍後於〈堯典〉。

(三)〈文侯之命〉

〈文侯之命〉的作成時代,〈書序〉和《史記》的說法不同。〈書序〉以為是周平王命晉文侯,《史記‧晉世家》以為周襄王命晉文公。屈先生從以下三點來解決問題:

1. 義和是晉文侯,晉文侯非晉文公

屈先生以為晉文侯名仇,仇和義可以通用,且仇之相反詞是「和」,以義和為字,可以說很自然的事。屈先生又引楊樹達之說,以為晉國君之諡號雖有相同的地方,但公、侯本來就有別,絕對不會混淆。因此晉文侯絕對不是晉文公。

2.〈文侯之命〉的內容和晉文侯相合

屈先生以為周平王即位於困苦憂患之中,直至晉文侯殺掉攜王,王室才安定下來。〈文侯之命〉中周王所說:「嗚呼!閔予小子嗣,造天丕愆;殄資澤于下民,侵戎,我國家純」又說:「汝多修,扞我於艱」等情勢,完全相合。

3.〈文侯之命〉所載的錫賜之物和周襄王錫晉文公不和

屈先生把〈文侯之命〉中周王賜給義和的賞賜之物,和《史記‧晉世家》所載周襄王賞賜晉文公的禮物相核對,兩者並不相合,可見〈文侯之命〉並非錫命晉文公的文書。

根據上文的論辨,屈先生以為〈文侯之命〉為錫命晉文侯的文書。

（四）〈甘誓〉

〈甘誓〉篇有「六卿」、「五行」、「三正」等詞，屈先生從這三個詞來斷定〈甘誓〉的時代，「六卿」一詞，屈先生根據史景成的考證，宋六卿始於魯文公七年，〈甘誓〉中的「威侮五行」，屈先生以為是受鄒衍終始五德說的影響才有的說法，意思是說看不起應運的帝王。如果是這樣，〈甘誓〉當作成於戰國晚年。〈甘誓〉中的「三正」，屈先生以為指建子、建丑、建寅的三正而言。所謂「怠棄三正」，是說不奉王朝的正朔。這樣才能和威侮的五行相配。屈先生又以為《呂氏春秋・先己篇》已述及夏后相與有扈戰於甘澤，可知〈甘誓〉篇已出世。

根據上文的論辨，屈先生以為〈甘誓〉作成於戰國晚年。

《今文尚書》二十九篇中的〈禹貢〉、〈皋陶謨〉、〈文侯之命〉、〈甘誓〉四篇，屈先生作了最深入的考辨，對釐清《尚書》篇章的作成時代，有相當高的貢獻。

在《詩經》詩篇時代的考辨方面，屈先生對〈小雅・出車〉的時代作了相當細密的考辨。〈出車〉一詩的時代，自《毛詩》以來皆列為周文王時的作品。屈先生以為〈出車〉四十八句中，可據以探討其著成時代的材料有下列三事：
1. 玁狁一名流行的時代，和伐玁狁的時代。
2. 南仲是什麼時候的人。
3. 「喓喓草蟲」等六句和〈召南・草蟲〉篇雷同的問題。

關於第一點，屈先生引王國維的說法，以為玁狁一詞當流行

於宗周之際，伐玁狁之事當在周宣王時代。[13] 至於第二點南仲的時代，《漢書・古今人表》和王國維都把南仲列為宣王時代。第三點，屈先生以為《詩經》詩篇曾經樂官潤飾過，樂官潤飾時取〈召南・草蟲〉的句子加入〈小雅・出車〉之中。

根據上文的論辨，屈先生以為〈出車〉一詩是周宣王時代的作品。

六、結語

從上文的論述，屈先生對圖書辨偽的觀點和考辨偽書的貢獻，大抵有下列數點：

其一，作學問不可不注意偽書問題，所以他在所作《古籍導讀》中，特立章節討論偽書。由於先秦典籍往往被誤認作者，而被視為偽書，所以他特別強調前人所訂的辨偽方法，不完全適用於考辨先秦典籍。

其二，前人不知是偽作，經屈先生考辨而斷定是偽書的有《舊雨樓藏漢石經》。前人雖有考辨，但作者和時代，尚未確定，經屈先生斷定作者的有《產語》。《舊雨樓藏漢石經》，屈先生作《漢石經周易殘字集證》時，曾經誤用該資料，屈先生考辨該書，就是要避免學者再誤用。

---

[13] 王國維：〈鬼方昆夷玁狁考〉，收入《觀堂集林》（臺北市：河洛圖書出版社，1975年），卷13。

其三，在考辨古籍篇章的時代方面，《尚書》中的〈禹貢〉、〈皋陶謨〉、〈文侯之命〉、〈甘誓〉等篇，屈先生以為是春秋至戰國時代的作品；《詩經》中的〈出車〉，屈先生以為是周宣王時代的作品。能判定這些篇章的時代，作研究時才能參考引用，否則很難有正確的結論。

劉兆祐先生與圖書辨偽[*]

一、前言

　　一九七一年九月，我是東吳大學中國文學系三年級的學生，系裡把訓詁學的課程排在三年級，由劉兆祐老師來擔任。當時劉老師在臺灣師範大學國文研究所博士班就讀，又在國立中央圖書館特藏組工作，可說是相當出色的青年學者。我和同學張雙英、蕭鴻光，有時會到劉老師位於士林前街的家拜訪，偶而也會到中央圖書館拜訪老師，順便體驗十多萬本古籍善本的滋味。劉老師專研圖書文獻學，對古書目錄、版本、校勘、輯佚、辨偽都有很深的研究。碩士班二年級時，劉老師擔任校讎學的課程，除循序教導校勘學的知識外，有時也會強調辨偽在治學上的重要性。我的碩士論文是考辨明代中晚期豐坊和姚士粦的偽書，升教授的論文是《清初的群經辨偽學》[14]，經過兩次大的磨練，對辨偽工作也有一些了解。二〇〇七年暑假，同學們開會商討要為劉老師編祝壽論文集時，我就認了這個題目。

---

[*] 原載於《劉兆祐教授春風化雨五十年紀念文集》（臺北市：臺灣學生書局，2010年9月），頁47-60。

[14] 本書於1990年3月，由臺北市文津出版社出版。

二、辨偽理論的繼承和深化

　　劉老師的辨偽著作可分成兩方面來討論，一是辨偽的專門論文，有：
1. 明刊本陸汴編《廣十二家唐詩》考辨
   東吳文史學報　第 1 期　頁 82-101　1976 年 3 月
2. 心史作者考辨
   東吳文史學報　第 4 期　頁 15-27　1982 年 4 月

這一部分考辨陸汴編《廣十二家唐詩》、《心史》二書，是辨偽理論的實際應用。

　　另一是專著中部分章節論及辨偽者，如：
1. **辨別偽書**
   治學方法　第三章　研讀古籍的方法　第四節　頁 65-72
   臺北市　三民書局　1999 年 9 月
2. **辨偽學**
   同上　第六章　治國學所需具備的基礎學識　第二節
   頁 246-256　同上

此一部分著重在辨偽理論的論述。是對前人辨偽理論的深化研究。

　　就辨偽書的活動來說，是先有偽書才逐漸發展出辨偽書的方法。從辨偽書的歷史發展來看，辨偽的活動很早就已開始，但要到明代的胡應麟才提出比較有系統的辨偽方法。他的《四部正訛》說：

> 凡覈偽書之道：覈之《七略》，以觀其源；覈之群志，以觀其緒；覈之並世之言，以觀其稱；覈之異世之言，以觀其述；覈之文，以觀其體；覈之事，以觀其時；覈之撰者，以觀其託；覈之傳者，以觀其人。覈茲八者，而古今贗籍亡隱情矣。[15]

胡氏這八點辨偽方法，可說相當周到，歷來常為學者所引用。但並未舉出應用的實例，初學者很難完全理解這八種方法的內涵。劉老師在《治學方法》一書第六章第二節〈辨偽學〉中討論辨偽方法時，將胡應麟所舉的八點方法，加上實例，對深化了解胡氏理論有相當幫助。茲將劉老師的說明逐點錄出，並略加申述。

第一點「覈之《七略》，以觀其源」，對初學者來說，《七略》是什麼書，為何可以觀其源？劉老師的說明是：

> 《七略》一書，是漢代劉歆所撰，班固的《漢書》〈藝文志〉，主要就是根據《七略》刪編而成。所以凡是漢代以前的著作，如果《七略》沒有著錄，或其書名、篇卷等與《七略》有出入，則就要注意是否為偽書。《七略》今已亡佚，可以用《漢書》〈藝文志〉來代替《七略》這方面的功能。（《治學方法》，頁247）

簡短的說明，已把《七略》的重要性，和《漢書》〈藝文志〉的

---

[15] 胡應麟：《四部正訛》（臺北市：世界書局，1980年），卷1。

關係，說的很清楚，且找不到《七略》的人，也知道要找《漢書》〈藝文志〉來核對。

第二點「覈之群志，以觀其緒」，群志是什麼？為何可以觀其緒？也有待解釋。劉老師的說明是：

> 「群志」就是史書的藝文經籍志，至於政書中的藝文志，如《通志》〈藝文略〉、《文獻通考》〈經籍考〉，及公私藏書目錄，如《崇文總目》、《郡齋讀書志》、《直齋書錄解題》等，也可說是「志」的一種。例如《關尹子》（一卷），舊題周關令尹喜撰。此書《漢書》〈藝文志〉著錄，但是《隋書》〈經籍志〉、《舊唐書》〈經籍志〉、《新唐書》〈藝文志〉，都沒有著錄，到了《宋史》〈藝文志〉又突然出現，可以據此流傳的情形，懷疑宋代以後所流傳者是偽書。（同上，頁247-248）

一般把正史的經籍、藝文志稱為史志，胡應麟所說的「群志」，應包括劉老師所說的政書中藝文志和公私藏書目錄，才有「群」的含意，不然稱呼史志即可，何必稱為群志。群志的含意之外，劉老師又舉《關尹子》一書為例，說明在史志中流傳的情形，以作為判斷是否為偽書的根據，這就是觀其緒。

第三點「覈之並世之言，以觀其稱」。所謂「並世之言」，是指同時代人的說法；「觀其稱」，是指同時代人怎麼談論這本書。劉老師的說明是：

> 一部書的人名、地名、官制、器物等，和同一時代著作裡的人名、地名、官制、器物等，如不相符合，則其書必是偽作。或書完成後，當時人都沒有人看過或談論它，甚至當時人已認為有問題，則其書也值得懷疑。如《通鑑節要》（六十卷）一書，題宋司馬光撰，但是宋代的晁公武《郡齋讀書志》及朱熹《朱子語錄》，都已認為不是溫公所節，則其為偽書，應可確定。（同上，頁248）

劉老師舉《通鑑節要》為例，來闡釋胡應麟的話。《通鑑節要》題宋司馬光撰，但晁公武《郡齋讀書志》和朱熹《朱子語錄》，都不認為司馬光所作。司馬光的時代稍早於晁公武和朱熹，但都是宋人，他們兩人的話，就是並世之言，看看他們怎麼說，就是「觀其稱」。

第四點「覈之異世之言，以觀其述」，劉老師的說明是：

> 一部書所用的文字、詞彙、人名、地名等，如果是後代才應有的，則這一部書應是後代偽造的。如《文中子》（十卷）一書，舊題隋王通撰，書中談到隋文帝曾在太極殿召見他。但是根據《唐會要》的記載，太極殿本稱太興殿，直到唐高祖武德元年（618）五月才改稱太極殿，可見此書是偽造的。（同上）

劉老師舉《文中子》一書為例，該書題隋王通撰，書中談到隋文帝曾在太極殿召見他。但是根據《唐會要》的記載，太極殿本稱

太興殿,要到唐高祖武德元年(618)五月才改稱為太極殿。《文中子》題隋王通撰,《唐會要》對它來說,就是一種「異世之言」。

第五點「覈之文,以觀其體」,劉老師的說明是:

> 每個時代的文體都有其特色,這是用文體來辨證偽書的方法。如《六韜》(六卷),舊題周呂望撰,《四庫全書總目提要》認為它「詞意淺近,不類古書」,又認為書中「避正殿」、「將軍」等名稱,都是春秋戰國以後才有的,所以定其為偽作。這是一方面用文體,一方面又用異世之言來辨偽的方法。(同上)

因為每個時代都有其獨特的文體,劉老師以舊題太公呂望撰的《六韜》為例,《四庫全書總目》認為該書「詞意淺近,不類古書」,這就是利用文體特色來辨偽的好例子。

第六點「覈之事,以觀其時」,就是考核書中所記載的事情,就可能知道該書大約的時代。劉老師的說明是:

> 一部書說是某時代作的,但是書中卻談到後代的事,則其書必是偽造。如《慎子》(一卷)一書,舊題周代趙國慎到撰,可是書中稱孟子為「孟子輿」。孟子本無字,三國的王肅才稱孟子「子居」,晉代傅玄則說孟子「子輿」,今本《慎子》預知後代的事,可見非周慎到原書。(同上,頁 248-249)

劉老師舉舊題周代趙國慎到所撰的《慎子》一書為例,以為書中

稱孟子為「孟子輿」,孟子本無字,三國的王肅才稱孟子為「子居」或「子車」,晉傅玄則說孟子字「子輿」,今本《慎子》用後代的事,可知是偽造的。

第七點「覈之撰者,以觀其託」,劉老師的說明是:

> 這是用作者的思想、生平事蹟等來考辨真偽的方法。一部書說是某人作的,但是書中所論的思想及生平事蹟,卻與作者的思想、生平事蹟不符,則其書有偽造之嫌。如《列子》(八卷)一書,舊題周列禦寇撰,梁啟超以其書中所說全屬晉代清談家頹廢思想,與周、秦諸子無論何派,皆帶積極精神者不符,而定其為依託。(同上,頁249)

劉老師認為用作者的事蹟和思想,也可以考辨書籍的真偽,例如舊題周列禦寇撰的《列子》,梁啟超以為書中全是晉代清談思想,與周秦諸子思想不合,認為是後人偽託。

第八點「覈之傳者,以觀其人」,劉老師的說明是:

> 每一部書,都有它傳授、流傳的經過,如一部書其來源不明,只說出於山巖、石壁或古井、屋壁,則有偽造之嫌。如《石經大學》二卷及《魯詩世學》(三十六卷)二書,明代豐坊時始出現,豐坊說是傳自遠祖,實際上就是豐坊自己偽造的。豐氏喜好偽造古書,《子貢詩傳》、《申培詩說》等,也都是他所偽造的。(同上)

劉老師強調每一部書都有它傳授、流傳的經過，如果這些經過都不清楚，很可能是偽造。他舉豐坊的《石經大學》和《魯詩世學》為例，說明到明代豐坊始出現，且假託傳自宋代的遠祖豐稷，其實是他自己偽造的。

三、明刊本陸汴編《廣十二家唐詩》考辨

偽書的作者往往有某些企圖心和目的，像魏晉時代出現的《古文尚書孔傳》，目的是在助古文學一臂之力，晚明時代把新編的《千家詩》題名謝枋得編，主要是強化民族氣節。這可說是學術或政治的目的。另一種是書估作偽，剜改序跋、牌記，來冒充宋元版，這可說是商業的目的。書商作偽歷代都有，其中以明代的情況最嚴重。屈翼鵬師曾作〈晚明書業的惡風〉[16]一文，詳述書商作偽的種種情狀。

國立中央圖書館（已改名「國家圖書館」）所藏明刊本最多，其中不乏書商作偽者。像明蔣孝編刊《中唐詩》八十一卷，是明嘉靖二十九年（1550）毘陵蔣氏原刊本（以下簡稱蔣刻）；又藏有明陸汴編刊《廣十二家唐詩》，也是八十一卷，但沒有刊刻年月，今稱之為明刊本（以下簡稱陸刻）。二書的編者、書名不同，內容、版刻並無二致。陸刻應是書商竄改蔣刻而成。劉老師所以

---

[16] 見《國立臺灣大學三十週年校慶特刊》（1976 年 3 月），頁 26-29。收入劉兆祐、林慶彰編《屈萬里先生文存》（臺北市：聯經出版事業公司，1985 年 2 月），第 2 冊，頁 995-1002。

作〈明刊本陸汴編《廣十二家唐詩》考辨〉一文，他在文末的〈後記〉中說：「唐詩選本傳世者頗多，吾人得據以品第唐詩。然選本每多重複雜亂，亟須整理考訂，始便取資，此筆者所以草述唐詩選本之研究者也。去歲八月，業師屈翼鵬先生命兆祐檢核蔣、陸二刻之異同，遂發現陸刻乃係偽造，命兆祐試撰一文辨之。此本文之所以作也。」可知，劉老師撰作此文，一方面因為唐詩選本「多重複雜亂，亟須重新考訂」才方便學界利用。另一方面，是屈翼鵬師交代他要撰一文辨偽。

劉老師此文先大略敘述蔣氏的生平行誼，並提到蔣氏所刻書卷末都有「三經草堂」牌記，明末秀水蔣之翹曾刊刻名人遺集，也有「三經草堂」牌記，大概是蔣孝的後人。接著敘述蔣孝刊本的行款、編刊旨趣，並將所收中唐詩人十二家之詩集名、卷數、作者列出，再敘述陸氏刊本的行款、內容，劉老師說：

> 陸刻版式與所收十二家詩，悉與蔣刻同，惟印書之紙，視蔣本為大；且卷首抽去蔣序，易之陸氏〈刻廣十二家唐詩序〉。是以若不取兩本斠核，不易見其偽。

劉老師既將兩種版本的異同，做過仔細核對後，舉出陸刻作偽的證據有三點：

（一）從陸刻自敘見其偽造

為了辨偽時引用方便，劉老師先將陸刻的序錄出一大段：

> ……則以今所傳十二名家者，朝哦而夕諷之，不啻飲河之鼠。嗣是續十二家出，足備閱覽，而卒無以並乎

先駕之駟,乃百家益以高閣矣。余請告歸里中,門無剝啄,因發篋中百家詩讀之,若斬木揭竿之夫,遊手武庫而不覺其目動膽懼也。固以性所近,臆所解者,拈出以便省覽。初唐得一人焉:曰孫舍人逖;盛唐得二人焉:曰儲侍御光羲,曰獨孤刺史及;中唐得八人焉:錢與二劉之外,曰盧戶部綸,曰崔補闕峒,曰張司業籍,曰王司馬建,曰賈長江島;晚唐得一人焉:曰李吏部商隱。合之為廣十二家。嗟夫!先我而續者,既已無加於初,廣於何有?聞道百,徒以見笑於大方,況約百而十乎!是進與退兩無當也。姑存之以識吾過。

劉老師說,所謂「今所傳十二名家」,即指蔣孝之書,所謂「嗣是續十二家出」、「先我而續者」,即指朱子著之書。但所謂陸刻之十二家,與蔣刻內容全同,安得稱為「廣十二家」?這是從書前序的破綻,指出陸刻是變名以欺人。

(二) 從陸序以十二家分隸四唐辨其偽造

劉老師以為陸刻所收十二家,蔣刻和朱刻都並稱中唐,陸刻則將其分四唐,將孫逖入初唐,將李義山入晚唐,都與歷來選本不合,劉老師說:「今陸序強分此十二人隸屬四唐者,殆欲以之合《廣十二家唐詩》之名歟!而其為偽作之跡益著矣。」

(三) 從陸本書版之叢脞知其非為新刻

陸刻既自稱《廣十二家唐詩》,理應重新雕版,但從其印本多影寫修補,可知其非新刻,而是將蔣刻舊版冒充新刻。劉老師

將陸刻修補之處一一列出，多達數十處。

（四）從蔣、陸二編刊刻之異同證二本為一版

蔣、陸二本，版刻全同，漫漶處亦相同，可見陸刻用的是蔣刻的舊版片修補刷印而成。文末劉老師的結論是「由以上四端，足證所謂陸刻，其實即蔣刻。蔣本鏤於嘉靖間，陸本則當是萬曆以後，陸氏既購得蔣刻舊版，乃抽去蔣序，易以陸序；復另題書名，用以欺世。」

四、考辨《鐵函心史》

《孟子》〈萬章下〉說：「頌其詩，讀其書，不知其人，可乎？」是以要考辨一部書之前，就要先了解該書的作者。劉老師對《心史》的作者作最詳密的考證，先說明鄭思肖的生年是宋理宗淳祐元年（1241），卒於元仁宗延祐五年（1318），年七十八。接著，考定鄭思肖名字和字號的含意，劉老師說：

> 初名某，宋室亡了以後，才改名思肖，字憶翁，號所南。思肖，就是「思趙」的意思；憶翁與所南，也都寓有不北面他姓的意義。

再說明鄭思肖的事跡見於《宋遺民錄》、《南宋書》、《宋史翼》、《宋季忠義錄》等書。接著，敘述鄭思肖的著作及其存佚。根據老師考訂，有《所南翁集》一卷、《錦錢集》一卷、《題畫詩》一卷、《釋氏施食心法》一卷、《太極祭煉》一卷、《謬餘集》一卷。現存《所南翁集》、《錦錢集》及《題畫詩》，其餘皆佚。

至於《心史》一書是劉老師所要考訂的對象，對其內容自應做更詳細的介紹。他說，《心史》凡七卷，其內容是：《咸淳集》一卷、《大義集》一卷、《中興集》二卷、《久久書》一卷、《雜文》一卷、《大義略序》一卷。末附〈後序〉五篇、〈正覺摩醯首羅天王療一切病咒〉、〈卓行傳〉及跋文十五篇。由於《心史》所載事蹟很多與正史不合，因此，很受研究宋元之際的文史學者的重視。不過，該書直到明崇禎十一年（1638）才行於世，也引起學者的懷疑。

劉老師指出，最先懷疑該書是偽託的，是清初的全祖望。全氏在《鮚埼亭集》〈外編〉卷三十四〈心史題詞〉裡說：

> 亡友王敬所嘗為余言：「《心史》必是偽作。」予是其言，而無徵也。已讀閻百詩集，其中引萬季野語，以為海鹽姚叔祥所依託，則敬所已下世，嘆其不得聞此佳證也。嘗以語錢唐厲樊榭，則謂叔祥豈能為此詩文？予謂閻、萬二丈皆不妄語者，必有所據。所南別有《錦錢集》，明崇禎中尚存，梨洲先生曾見之，予今求之不得，但從《永樂大典》得見其奇零者，向使是書尚在，以之對勘心史，當有敗闕，但不知叔祥何故造為是書？雖非真本，要屬明室將亡之兆也已。吳兒喜欺人，至今謬稱瘖井中舊物，以索高價。凡有數本，予見其二。

全祖望以為《心史》是姚士粦所偽造，劉老師認為沒有充分的證據，反駁說：

> 今檢視文集所載詩，多作出世語，頗類寒山子，與《心
> 史》裏的詩，風格完全不同，以此作為《心史》是偽
> 造的旁證尚可，但卻不可據此以證《心史》是姚叔祥
> 所偽造的。全祖望沒能提出充分的證據，所以不能令
> 人信服。

接著是《欽定續文獻通考》以為《心史》是明末好異之徒所偽作，但也沒有提出確切的證據。劉老師以為，相信《心史》是鄭思肖所作，而能加以辯證的，應當推余嘉錫。劉老師說：

> 余氏之駁《四庫提要》，所見可取，然這祇是說提要
> 之說未的，卻不足以證《心史》確為思肖所作。

可見劉老師也不認為余嘉錫的考辨是正確的。根據劉老師的研究，《心史》和鄭思肖毫無關係，全是他人偽造。劉老師的考證方法是：

（一）從生年資料考辨

劉老師以為，最讓人懷疑的是鄭氏自述生年不符。鄭所南的生年，據姜亮夫《歷代名人年里碑傳總表》所載，生於宋理宗嘉熙己亥三年（1239）。按：《所南先生文集》〈答吳山人詞遠遊觀地理書〉說：

> 今吾六十四歲矣。二十二歲壬戌二月，我父菊山先生
> 卒於吳中；十一月，葬於長洲縣甑山之原，天性保全
> 四十三年，略無他說⋯⋯

劉老師考辨說，壬戌為宋理宗景定三年，元世祖忽必烈中統三年，當西元一二六二年，時思肖自云二十二歲，以此逆推，則思肖當生於宋理宗淳祐元年（1241）。〈先君菊山翁家傳〉說：

> 先君字叔起，號菊山，名與字之下字同，早年嘗名正東方之卜。生於慶初（元）己未，終於景定壬戌，壽六十四歲。先君四十歲始生思肖。

慶元己未為西元一一九九年；四十歲生思肖，其時當為理宗嘉熙戊戌二年（1238）。兩書自述生年竟相去三年，謂之為出自一人之手，殊為可怪！我以為必是偽造《心史》的人，一時誤算，致露出馬腳。

（二）從與史實不合考辨

〈大易略序〉說：

> 咸淳初，韃始僭號元；寶祐丙辰，韃始僭年號曰中統，次曰至元。

劉老師指出元世祖忽必烈中統元年為宋理宗景定元年，西元一二六〇年，寶祐丙辰則為西元一二五六年，相隔四年。鄭思肖生於理宗淳祐元年（1241），不應不熟悉當時事，竟然舛誤至此！必是後人偽作，沒有詳考史事，才會誤寫。

（三）從文詞上考辨

《四庫全書總目》謂《心史》「文詞皆蹇澀難通」，今取所南翁〈一百二十圖詩〉、〈錦錢集〉二十四首與《心史》相比較，

確如所言。《四庫全書簡明目錄》（卷十六）著〈菊山清雋集〉一卷，附〈題畫詩〉一卷，〈錦錢集〉一卷，〈雜文〉一卷，下面的提要說：

> 〈菊山清雋集〉，宋鄭震撰，元仇遠編。〈題畫詩〉，〈錦錢集〉及〈雜文〉，皆其子思肖撰。其曰錦錢者，言如以錦為錢，雖美無用也。震倦遊稿久佚，遠所選錄，不愧清雋之目。思肖詩惟意所云，多如禪偈，然清風高節，迹接東籬，譬古柏蒼松，支離不中繩墨，終勝於桃李妖妍也。

劉老師以為《心史》裡的詩，平凡庸俗，但作憤慨語氣，了無韻味。以思肖之文才，即使是憤懣填膺，為詩當亦不如此粗俗。

（四）《心史》的作者問題

《心史》既非鄭思肖所作，究竟成書於何時？劉老師以為，這是頗為不易考訂的問題。因為書中以敘事為多，而事多不常見，我們只能懷疑其真實性，卻不足據以考證成書時代；詩歌贈答的作品，所記人名或係杜造，或不見於記載，也無從考訂。

劉老師又指出，從一個「觲」字來看，也可以推斷它可能是明代人偽造的。按《心史》下卷〈大易略敘〉說：

> 諸酋稱虜主曰即主，在即主傍素不識臣，唯稱曰觲奴婢。觲者至微至賤之謂。

觲字，蒙古人譯名多有用此字者，如《宋史》：「有元帥宋都觲。」

《元史》：「有斷事官朮忽觪。」按：觪字《說文解字》未著錄，《玉篇》裡說：「觪，多改切，音歹，義闕。」其後，一直到元以前的字書，或未見此字，或有而無微賤之義。此字之有微賤之義，殆從《字學三正》一書始。《字學三正》說：「觪，與好歹之歹同。」《字學三正》（四卷），明郭一經撰，劉老師推測《心史》釋觪字有至微至賤之義，很可能受《字學三正》或同時代字書的影響。如果這種推測可以成立的話，《心史》就當是明人所偽造的了。

偽造《心史》的人是誰，劉老師認為，首先要了解《心史》的發現始末。〈承天寺藏書井碑陰記〉說：

> 崇禎戊寅歲，吳中久旱，城居買水而食，爭汲者相摔於道。仲冬八日，承天寺狼山房濬甃井，鐵函重匱，錮以堊灰，啟之，則鄭所南先生藏《心史》也。外書「大宋鐵函經」五字，內書「大宋孤臣鄭思肖百拜封」十字。自勝國癸未迄今，閱歲三百五十六歲，楮墨猶新，古香觸手。……

而當時人之所以相信是鄭思肖所撰的原因，是因為這書是在承天寺發現的。原來鄭思肖和承天寺是有關係的。《所南翁集》〈十方禪剎僧堂記〉（一名佛法正論）說：

> 我三十年來，幅巾藜杖，獨行獨住、獨坐獨臥、獨吟獨醉、獨往獨來古閶廬城，每一至於萬壽、承天、虎丘諸禪剎之間，必喟然嘆曰：「我生也晚，惜乎不見古尊宿法席隆盛之時。」

可見承天寺是思肖常到的地方，偽造的人讀到《所南翁集》的「每一至於萬壽、承天、虎丘諸禪剎之間」，遂引起了依託的動機。劉老師懷疑《心史》是當時承天寺寺僧達始所偽造。

　　劉老師以為《心史》是承天寺僧達始所偽作，雖無確切證據，但是合理的推論，比起全祖望以為是姚士粦所偽作，要合理得多。要真正考知《心史》的作者是誰，恐怕是相當艱難的事情。根據筆者研究明代學術思想三十多年的經驗，有幾點可提供讀者參考：
（1）從古井裡撈出古書的作法，是明末知識分子一貫的伎倆。
（2）明末外患日亟，知識分子希望加強民族意識，所以很多偽託宋代民族英雄的書相繼出現，例如：《千家詩》就假託謝枋得所編。《心史》假託鄭思肖所作，也是理所當然的事。
（3）《心史》中提到喇嘛穿黃衣的問題，喇嘛教有紅教和黃教之分，黃教創始於明朝永樂年間，鄭思肖是宋人，怎知明朝時候創始的喇嘛黃教呢？[17]從這一點也可以證明《心史》是偽造的。

五、結語

　　從以上的討論分析，可以得知，考辨古代偽書，雖僅是劉老師諸多學術活動中的一部分，但至少有數點學術意義：

　　其一，辨偽工作須理論與實踐相配合才能形成一種學問，而

---

[17] 這一點為李則芬先生所提出，詳見李氏著：〈明人歪曲了元代歷史〉收入李氏著：《文史雜考》（臺北市：臺灣學生書局，1979年2月），頁189。

系統的理論往往從諸多辨偽實例歸納而來。然後，再利用這些理論作為辨偽工作的指導原則。可見，辨偽理論的完備與否，關係到辨偽成效的好壞。明代胡應麟《四部正譌》所提出的八點辨偽方法，並未作詳細的說明，讀者很難深入了解理論的內涵。劉老師提到這八點時，各舉實例作補充說明，不但加強胡氏理論的實用性，也深化該理論的內容。

其二，學者大多知道晚明書商好作偽，屈翼鵬師曾作〈晚明書業的惡風〉和〈普林斯敦大學所藏中文善本書辨疑〉[18]二文討論此事。但真正考辨這些偽書的論文並不多見。劉老師在翼鵬師的授意下，完成〈明刊本陸汴編《廣十二家唐詩》考辨〉一文，從陸刻的自序、分類、版刻入手，證明該書實是竄改蔣孝所編刊《中唐詩》一書而成。這看似一個小小的例子，但辨偽方法卻通用於各種書商作偽的書，充實了這一類偽書的辨偽理論。

其三，《心史》的辨偽從明末就已萌芽，真偽兩面都有學者支持。劉老師從學術的角度，提出：（1）《心史》述鄭思肖生年與《所南先生文集》不合；（2）《心史》所記史事與史實不合；（3）《心史》文詞粗鄙與鄭思肖風格不合等三個疑點，並懷疑作偽者是承天寺僧達始。這說法雖有待證實，但是相當合理的推測。也為《心史》的作者問題，多了一個思考的方向。

---

[18] 見《圖書館學報》第 10 期（1969 年 12 月），頁 1-10。收入劉兆祐、林慶彰編《屈萬里先生文存》（臺北市：聯經出版事業公司，1985 年 2 月），第 2 冊，頁 1133-1156。

當代文學禁書研究[*]

一、前言

　　查禁圖書的事古今中外都有,中國自秦始皇焚詩、書,六藝殘缺以來,以迄於今,遭查禁的圖書不下幾千種,但這些被查禁的書大部分都能流傳下來,可見禁歸禁,流傳還是照樣流傳,對統治者來說是相當無奈,且帶諷刺的事。

　　研究歷代禁書的學者甚多,但對政府播遷以來查禁圖書的事,以學術研究的角度來加以研究的還相當罕見。雖然坊間有不少論文談到這一時段的禁書,但都是把它當做一種時事問題,呼籲政府開放淪陷區學者或作家的作品而已,有部分論文則是檢討因查禁圖書所造成的作偽現象,並羅列偽書的清單。這些論文對研究當代畸形的查禁圖書現象多少都有幫助。

　　至於用專文來檢討這數十年間查禁多少當代文學圖書?查禁的原因如何?則尚未見有學者撰寫。當然,要研究禁書,可以全面性的研究,也可以僅選部分學科來做局部性的研究。長久以來有關當局查禁三十年代文學作品,最為學界所詬病,被認為臺灣研究三十年代文學成績不佳的罪魁禍首。另外,臺灣文學作家的

---

[*] 原載於《五十年來臺灣文學研討會論文集》(臺北市:文訊雜誌社,1995年10月),頁193-215。

作品是否也有遭查禁的？這是大家一想到三十年代文學作品被查禁時，心中不時浮現的問題。這些在本文的各節中將逐一加以分析討論。

要討論這些問題，就得有查禁圖書的目錄作為研究的根據。這數十年間查禁的圖書雖有數千種，但並沒有一本較完整的查禁圖書總目錄可用，這是相當遺憾的事。筆者撰寫本文所根據的是一九七七年十月，臺灣省政府、臺北市政府、臺灣警備總司令部等三個機關一起合編的《查禁圖書目錄》，該書將查禁圖書分「違反出版法」、「違反戒嚴法」兩部分。每一部分，按被查禁書名字數多寡加以排列。「違反出版法」部分，由一字部至十六字部，另加外文圖書部和雜誌部。「違反戒嚴法」部分，由一字部至十四字部，另加英文字部、查禁雜誌、暴雨專案等。書末附錄，附有查禁圖書的法令：出版法、出版法施行細則、社會教育法、戒嚴法、臺灣地區戒嚴時期出版物管制辦法、內政部臺（47）內警字第二二四七九號函以及刑法二三五條等。每一本禁書註明書名、著作（譯述）者、出版年月日、開數、頁數、查禁機關、日期、字號、原因。

這部目錄，「違反出版法」和「違反戒嚴法」兩部分一起計算，所著錄的圖書約有三千種，但因僅編至一九七七年十月，所以並非這數十年查禁圖書之總目。好在查禁當代文學作品都在一九五一年至一九六〇年間，要研究此一論題，這一目錄仍有其可靠性。其次，這部目錄按書名字數多寡排列，編排相當奇怪，大概是為執行任務方便，兼執行人員的素養不高所致。這種編排

法無法反映各類書被查禁的實際情形。且全書校對不佳，誤字甚多，使用時應特別小心。

二、查禁圖書的動機及法令根據

如果將歷代查禁圖書的動機加以分析，不外兩點：一是政治方面的原因，政府為維護政治的安定，對足以為害政治安定的圖書加以查禁，如秦始皇之焚詩書，清康、雍、乾時代之查禁部分學者圖書等都是。二是社會方面的原因，政府為維護善良風俗，對誨淫誨盜的圖書加以查禁，如明清時代被查禁的色情小說等都是。

如就政府播遷來臺數十年間查禁圖書的動機來說，也不外這兩點。就政治面來說，中國共產黨竊據大陸，且虎視眈眈，想侵犯臺澎金馬地區，政府為保護國家安全，乃於一九四九年五月廿日，由當時臺灣省主席兼警備司令陳誠宣告臺灣全省實施戒嚴。戒嚴施行以後，根據《戒嚴法》再制定各種子法。與查禁圖書關係最密切的是，一九四九年五月廿七日臺灣省警備總司令部所訂定的《臺灣省戒嚴期間新聞紙雜誌圖書管制辦法》[19]。這一辦法第二條的七個款目，都與維護政治安定有關。在維護國家安定的

---

[19] 根據高蔭祖編《中華民國大事記》（臺北市：世界社，1957年10月），此一辦法制定於1949年5月27日。辦法的全文，像《中華民國法律彙編》（臺北市：第一屆立法院秘書處，1980年）一類的書，皆未見收錄。本文所引之辦法全文，見張詩源撰：《出版法之理論與實用》（臺北市：警察雜誌社，1954年9月），頁177-178。

大前提下,被查禁和沒收的圖書可能有數萬種以上。如就社會方面來說,主要在安定社會秩序,維護善良風俗。如有破壞社會秩序、傷風敗俗的書刊,則以《出版法》加以查禁。因違背《出版法》而遭查禁的書雖不及違背《戒嚴法》的多,但數量也可觀。

為維護政治安定,為維護善良風俗,所作的查禁圖書工作,很少有人會反對,但假借這些名目漫無標準的查禁必遭民怨。這數十年的查禁圖書,可說百姓怨聲載道。茲先就查禁的法令根源加以檢討。

根據《查禁圖書目錄》書前之〈說明〉第一條「查禁圖書法令依據」是:
1. 出版法
2. 出版法施行細則
3. 社會教育法
4. 戒嚴法
5. 臺灣地區戒嚴時期出版物管制辦法
6. 內政部臺(47)內警字第二二四七九號函
7. 刑法二三五條

總計有七項。如將被查禁的當代文學圖書加以分析,可知被查禁的書,不外違反《出版法》和《臺灣地區戒嚴時期出版物管制辦法》兩項。

就《出版法》來說,當代文學作品被查禁的,是根據第三十九條,該條條文如下:

> 出版品有左列情形之一者，得禁止其出售及散佈，必
> 要時並得予以扣押：
> 一、不依第九條或第十六條之規定呈准登記，而擅自
> 　　發行出版品者。
> 二、出版品違反第二十一條之規定者。
> 三、出版品之記載違反第三十二條第二款及第三款之
> 　　規定者。
> 四、出版品之記載違反第三十三條之規定，情節重大
> 　　者。
> 五、出版品之記載違反第三十四條之規定者。
> 依前項規定扣押之出版品，如經發行人之請求，得於
> 刪除禁載或禁令解除時發還之。

該條五款，如就被查禁的當代文學作品加以分析，以違反第三款「出版品之記載違反第三十二條第二款及第三款之規定者」最多。第三十二條之條文如下：

> 出版品不得為左列各款之記載：
> 一、觸犯或煽動他人觸犯內亂罪、外患罪者。
> 二、觸犯或煽動他人觸犯妨害公務罪、妨害投票罪或
> 　　妨害秩序罪者。
> 三、觸犯或煽動他人觸犯褻瀆祀典罪，或妨害風化罪
> 　　者。

出版品如有違反第三十二條這三款者，即可能被查禁。在《查禁圖書目錄》中「違反出版法」部分，大多數當代文學作品，查禁

原因大都註明「卅九（一）3」，即違反《出版法》第卅九條第一項第三款。而所謂第三款即指違反前引《出版法》第三十二條的第二、三款。

就「違反戒嚴法」來說，指的是違反臺灣省警備總司令部於一九四九年五月廿七日訂定的《臺灣省戒嚴期間新聞紙雜誌圖書管理辦法》。當時查禁出版品使用最多的條文是該辦法的第二條。該條條文是：

> 新聞紙、雜誌、圖書、告白、標語及其他出版品不得為下列各款記載：
> 一、未經軍事新聞發布機關公布屬於「軍機種類範圍令」所列之各項軍事消息。
> 二、有關國防、政治、外交之機密。
> 三、為共匪宣傳之圖畫文字。
> 四、詆譭國家元首之圖畫文字。
> 五、違背反共抗俄國策之言論。
> 六、足以淆亂視聽影響民心士氣或危害社會治安之言論。
> 七、挑撥政府與人民情感之圖畫文字。

計有七款。當代文學作品，在一九七〇年五月廿二日此一辦法修正公布之前被查禁的，大抵是違反第三款。在《查禁圖書目錄》中，「違反戒嚴法」部分，查禁原因註明「二3」的，表示違反第二條第三款。

這一《臺灣省戒嚴期間新聞紙雜誌圖書管制辦法》，經行政

院一九七○年五月五日臺（59）內字第三八五八號令核准修正，國防部於一九七○年五月廿二日（59）崇法字第一六三三號令公佈。這一新修正的辦法，除改名為《臺灣地區戒嚴時期出版物管制辦法》外，另增第二條「匪酋、匪幹之作品或譯著及匪偽之出版物一律查禁。」且將原第二條改為第三條。條文也有修正，茲抄錄如下：

> 出版物不得有左列各款情形之一：
> 一、洩漏有關國防、政治、外交之機密者。
> 二、洩漏未經軍事新聞發布機關公布屬於「軍機種類範圍令」所列之各項軍事消息者。
> 三、為共匪宣傳者。
> 四、詆譭國家元首者。
> 五、違背反共國策者。
> 六、淆亂視聽，足以影響民心士氣或危害社會治安者。
> 七、挑撥政府與人民情感者。
> 八、內容猥褻有悖公序良俗或煽動他人犯罪者。

計有八款。如將新舊兩辦法這一條文加以比較，可知舊辦法第一款，新辦法則改為第二款；舊法第二款，新辦法則改為第一款。另新辦法的第八款，則為舊法所沒有。在《查禁圖書目錄》中，違反《戒嚴法》部分，如為一九七○年五月廿二日以後被查禁的，都依據此一新法，查禁原因如註明「三3」、「三6」，即違反此一新辦法第三條第三款、第三條第六款。

在《查禁圖書目錄》中所列被查禁的圖書，有的是以《臺灣

省戒嚴期間新聞紙雜誌圖書管制辦法》（舊法）查禁的，有的是以《臺灣地區戒嚴時期出版物管制辦法》（新法）查禁的，《目錄》中並沒有加以說明，且書後附錄僅附錄新法，當讀者將《目錄》中查禁原因「二３」、「二６」（舊法第二條第三款、第二條第六款），用來和該目錄附錄五「臺灣地區戒嚴時期出版物管制辦法」（新法），相比對時，根本不相合。這是臺灣省政府等三機構編輯此一《查禁圖書目錄》時不夠周密的地方。

由於《臺灣地區戒嚴時期出版物管制辦法》第二條「匪酋、匪幹之作品或譯著及匪偽之出版物一律查禁」，第三條第三款「為共匪宣傳者」，第六款「淆亂視聽，足以影響民心士氣或危害社會治安者」，定義都不夠明確，執法的尺度也寬嚴不一，如果執法太嚴，則大陸三十年代作家之作品幾乎無一倖免，這也是違反《戒嚴法》部分，被查禁的大都是三十年代作品的原因。至於《出版法》部分，第三十九條所規定的「妨害秩序罪」、「妨害風化罪」，認定標準也很難一致。以致如被查禁的郭良蕙的《心鎖》，則引起相當大的爭議。

三、遭查禁的三十年代文學作品

在《查禁圖書目錄》中，遭查禁的圖書約有三千種，除有艷情、色情嫌疑的黃書和有暴力傾向的黑書外，有一大部分是三十年代的文學作品。這些作品為何被查禁？這得從分析這本《查禁圖書目錄》做起。

該《目錄》將查禁的圖書分違反《出版法》和《戒嚴法》兩

部編列。在違反《出版法》的部分,遭查禁的三十年代文學作品並不多,如按作家筆畫順序加以排列,有:

1. 丁玲:《丁玲代表作》。
2. 巴金:《兩代的愛》。
3. 老舍:《二馬》、《火葬》、《離婚》、《趙子曰》、《老牛破車》、《老張的哲學》。
4. 沙丁:《還鄉記》。
5. 李廣田:《引力》。
6. 李霽野:《給少男少女》。
7. 阿湛:《晚鐘》。
8. 胡風:《她也要殺人》、《密雲期風習小記》。
9. 茅盾:《賽會》、《青年與文藝》、《第一階段的故事》。
10. 曹禺:《日出》。
11. 郭沫若:《天地玄黃》、《沸羹集》。
12. 張天翼:《張天翼文集》。
13. 張恨水:《一夕殷勤》。
14. 靳以:《前夕》。
15. 魯迅:《二心集》。

這些作品,大都是一九五一、一九五二年間遭臺灣省政府查禁,查禁原因欄都是空白。當時所以查禁這些書不可能沒有理由,為何該《目錄》的查禁原因欄不加以登載,則尚待進一步研究。當時違反《出版法》的罪名都在第三十二條,其條文是:

一、觸犯或煽動他人觸犯內亂罪、外患罪者。

二、觸犯或煽動他人犯妨害公務罪、妨害投票罪或妨害秩序罪者。

三、觸犯或煽動他人觸犯褻瀆祀典罪，或妨害風化罪者。

這些三十年代作品，有可能「觸犯內亂罪」、「妨害秩序罪」而被查禁。不論是什麼罪名，總是相當牽強。

臺灣省政府和後來改為院轄市的臺北市政府，依據《出版法》查禁的書不下八百種，為何在一九五二年以後沒有再查禁三十年代的作品？個人以為以《出版法》來查禁三十年代作品，理由相當牽強。當時擔任查禁圖書工作的，除臺灣省政府外，另有隸屬於行政院東南軍政長官公署的「臺灣省保安司令部」[20]（原稱「臺灣省警備總司令部」，一九四九年九月一日改為本名，一九五八年七月一日又改為「臺灣警備總司令部」）和後來的「臺灣警備總司令部」。它們用來查禁圖書的法令根據是臺灣省警備總司令部於一九四九年五月廿七日訂定的《臺灣省戒嚴期間新聞紙雜誌圖書管制辦法》。如以這一辦法第二條第三款「為共匪宣傳之圖畫文字」，第六款「足以淆亂視聽影響民心士氣或危害社會治安之言論」來查禁三十年代作品，可能更貼切。且該管制辦法於一九五三年七月廿七日，經行政院（內）字第四三三〇號令核定

---

[20] 有關此一機構的演變情形，可參考《中國現代史辭典・史事部分（二）》（臺北市：近代中國出版社，1987年6月），頁273-274。

以後，已取得合法的地位，當時政府為求事權統一，且查禁的法令較無爭議，才將查禁三十年代作品的工作，由臺灣省保安司令部，和後來的臺灣警備總司令部全權負責。

　　三十年代文學作品受害最深的是，根據《臺灣省戒嚴期間新聞紙雜誌圖書管制辦法》（舊法）和《臺灣地區戒嚴時期出版物管制辦法》（新法），所遭到的全面性查禁。從一九五一年至一九七七年，遭查禁的三十年代作品約有百餘種之多。茲選較有名的作家和作品，並依作家姓名筆畫先後臚列如下：

1. 丁玲：《太陽照在桑乾河上》。
2. 巴金：《春》、《秋》、《家》、《滅亡》、《春天裡的秋天》。
3. 王西彥：《微賤的人》、《神的失落》、《鄉下朋友》、《村野戀人》。
4. 王統照：《江南曲》。
5. 艾蕪：《夜景》。
6. 朱光潛：《給青年的十二封信》[21]。
7. 老舍：《微神集》、《東海巴山集》、《老舍戲劇集》。
8. 沙汀：《苦難》、《播種者》、《堪察加小景》。
9. 沈從文：《月下小景》。
10. 何其芳：《畫夢錄》、《預言・秋天・風沙日》。
11. 吳祖光：《捉鬼傳》、《後臺朋友》、《嫦娥奔月》。
12. 吳祖緗：《山洪》。

---

[21] 根據《查禁圖書目錄》，朱氏的《給青年的十二封信》，遭查禁的有四種不同的版本，有的改名為《給青年十二封信》、《寫給青年們的信》。

13. 李廣田：《銀狐集》、《日邊隨筆》。
14. 李健吾：《使命》、《金小玉》、《風流債》、《花信風》、《喜相逢》。
15. 胡風：《野花與箭》。
16. 阿湛：《遠近》、《棲梟村》。
17. 茅盾：《子夜》、《腐蝕》、《蘇聯見聞錄》。
18. 柳亞子：《懷舊集》。
19. 郁達夫：《二詩人》、《茫茫夜》。
20. 姚雪垠：《長夜》、《重逢》、《記盧鎔軒》、《牛全德與紅蘿蔔》。
21. 夏丏尊：《十二盞明燈》。
22. 師陀：《結婚》、《大馬戲團》、《里門拾記》。
23. 唐弢：《落帆集》、《投影集》。
24. 夏衍：《心防》、《春寒》、《法西斯細菌》。
25. 陸蠡：《竹刀》、《囚綠記》。
26. 曹禺：《北京人》、《正在想》、《雷雨》。
27. 郭沫若：《三葉集》、《少年時代》、《蘇聯遊記》、《三個叛逆的女性》。
28. 張天翼：《春風》、《在城市裡》。
29. 張恨水：《此間樂》、《天河配》、《傲霜花》、《滿江紅》、《大江東去》、《如此江山》、《似水流年》、《金粉世家》、《虎賁萬歲》、《紙醉金迷》、《斯人記》、《啼笑因緣》、《冤家聚頭》、《過渡時代》、《歡喜冤家》。
30. 葉聖陶：《皮包》、《稻草人》、《古代英雄的石像》。
31. 靳以：《生存》、《遠天的冰雪》、《靳以短篇小說集》。

32. 端木蕻良：《大江》、《憎恨》、《科爾沁旗草原》。
33. 歐陽予倩：《桃花扇》。
34. 魯迅：《兩地書》。
35. 黎烈文：《崇高的母性》。
36. 錢夢渭：《中學生活日記》。
37. 錢鍾書：《寫在人生邊上》。
38. 蕭紅：《牛車上》。
39. 蕭軍：《十月十五日》、《綠葉的故事》。
40. 蕭乾：《栗子》。
41. 臧克家：《運河》、《古樹的花朵》、《號角在哭泣》。
42. 豐子愷：《民間相》、《都市相》、《學生相》、《畫中有詩》、《孩子們的音樂》。

以上列出四十二位作家，作品被查禁的有一一〇種。實際上，前面所列的僅是較出名的作家和作品，如果將普通作家和作品一起計算，絕不止此數。如就這一一〇種作品被查禁的時間加以統計，一九五一年查禁的有五種，一九五二年二十種，一九五三年二種，一九五四年卅四種，一九五五年六種，一九五六年十一種，一九五七年二種，一九五八年廿種，一九六〇年三種，一九六六年一種，一九六七年一種，一九六八年二種，一九六九年一種，一九七三年一種。（郭沫若《少年時代》未註明查禁年代，未計入）可見查禁最厲害的是一九五一至一九六〇年的十年間，後來在書籍來源斷絕，本地出版商又不敢冒然翻印，市面上這類書的流傳越來越少，被查禁的當然不多。

如就上引這些被查禁作品，有註明出版者的加以分析，一九三六年出版的一種，一九四〇年一種，一九四一年一種，一九四三年二種，一九四四年二種，一九四五年四種，一九四六年十三種，一九四七年十四種，一九四八年三七種，一九四九年十一種，一九五五年一種，一九五七年二種，一九六八年一種，一九六九年一種。可見大多數是抗戰勝利後至大陸淪陷前這四年間輸入的出版品。如以出版者來說，以文化生活出版社的二七種最多，其次是開明書店二三種。這兩家出版社出版三十年代文學作品最多，作者也大多左傾，大陸淪陷時都沒有離開大陸，而被認為是匪徒或附匪分子。

　　如就被查禁的原因來說，絕大部分的書都註明「二3」，即違反《臺灣省戒嚴期間新聞紙雜誌圖書管制辦法》（舊法）的第二條第三款「為共匪宣傳之圖畫文字」，也就是各書皆因「為匪宣傳」而被查禁。僅郁達夫的《茫茫夜》，查禁原因註明「二6」，即違反第二條第六款「足以淆亂視聽影響民心士氣或危害社會治安之言論」而被查禁；阿湛的《棲梟村》註明「二7」，即違反第二條第七款，因記載「挑撥政府與人民情感之圖畫文字」而被查禁。另朱光潛《給青年的十二封信》（樂天出版社，不著出版年月）註明「三3」，是違反《臺灣地區戒嚴時期出版物管制辦法》（新法）第三條第三款「為共匪宣傳者」，而被查禁。

　　可見這些作品不論內容如何，只因作者淪陷大陸，統統以「為匪宣傳」加以禁絕，如和歷代統治者禁書的事例相比，這一段時期文網之密，可謂曠古絕今。

四、遭查禁的臺灣文學作品

　　三十年代的文學作品違反《出版法》和《戒嚴法》遭查禁的，即有百餘種之多。這不禁讓人擔心臺灣本土作家之作品是否也有被查禁的？如果有，是那些作品？有人以為臺灣本土作家的作品大都沒有違反「為匪宣傳」的條文，有關當局要用那些理由來查禁呢？

　　根據《查禁圖書目錄》所載，如採較廣義的文學定義，臺灣文學作品違反《出版法》的有郭良蕙的《心鎖》，違反《戒嚴法》的有吳濁流的《無花果》、陳映真的《將軍族》、胡汝森的《門外小品》、高準的《詩潮》等，數量確實不多。另外吳濁流的《波茨坦科長》是一九七七年以後被查禁，不在該《目錄》中。違反《出版法》的，是因違反「卅九（一）3」，即違反《出版法》第卅九條第一項第三款「出版品之記載違反第三十二條第二款及第三款之規定者」，第三十二條第二款即「觸犯或煽動他人觸犯妨害公務罪、妨害投票罪或妨害秩序罪者」，第三款即「觸犯或煽動他人觸犯褻瀆祀典罪，或妨害風化罪者」，以「妨害風化罪」被查禁的雖不多，但爭議最大。違反《戒嚴法》的，大都是違反舊法的「二6」，即「足以淆亂視聽影響民心士氣或危害社會治安之言論」，一九七〇年五月廿二日所公布新法的「三6」，即「淆亂視聽，足以影響民心士氣或危害社會治安者」。其實舊法和新法兩條文字雖略有出入，內容並無不同。

　　茲將被查禁的作品選數種加以分析討論：

（一）郭良蕙的《心鎖》

這是郭良蕙的長篇小說，一九六二年高雄市大業書店出版。小說情節是女主角夏丹琪在范林的勾引下，和他發生性關係，後來范林移情別戀，愛上一個有錢人家的小姐江夢萍，把夏丹琪遺棄了。夏丹琪為了報復范林，就和夢萍的大哥夢輝結婚；為了報復夢萍，又和范林幽會；又因不滿范林對她的態度，又和他的小叔夢石發生曖昧關係。後來，在北投一家旅社，范林撞見丹琪和夢石雙宿雙飛，始知自己被騙。范林和江夢石因彼此妒恨，飛車追逐，雙雙喪命。最後丹琪走進教堂，皈依宗教以了餘生。

這本小說最受爭議的是亂倫和有關性的描寫。小說主要人物的江家有江夢輝、江夢萍、江夢石三兄妹，夏丹琪與江夢輝結婚，江夢萍與夏的舊情人范林結婚，夏丹琪與范林再幽會，即與小姑的丈夫有染。夏又與江夢石有曖昧關係，即與小叔有染。這些違背倫常的關係被指為「亂倫」。至於有關性的描述，當然比不上《金瓶梅》、《肉蒲團》和《查泰萊夫人的情人》，更沒有一般下流黃色小說的露骨。但在戒嚴時期要判定罪名並不需要廣事參考古今中外的例子。也因為《心鎖》有「亂倫」等嫌疑，出版的第二年，即一九六三年一月十五日，遭臺灣省政府新一第三一九號令加以查禁，查禁原因是「卅九（一）3」，即前述的「妨害風化罪」。

《心鎖》被查禁的第二個月，即一九六三年二月十二日，郭良蕙在《徵信新聞報》發表〈《心鎖》的命運〉一文，該文中曾呼籲：

> 我無意以將遭滅頂的姿態拖人下水,因此不願在這裏舉出書名來連累其他作家,但我卻由衷地希望和那些未觸法網的著作來一次較量,尋找出一個明確的尺度;用何種文字,描寫到何種程度,才恰到好處?才不會被扣上「誨淫」的罪名而遭查禁?官方有修正《出版法》的必要了,請公布出詳細的規定,把何謂藝術,何謂黃色的界線劃清,免得今後再有文藝工作者重蹈我的覆轍。(第七版)

這是郭氏內心最沉痛的呼籲。可是從文藝界卻有紛至沓來的批評,前輩作家謝冰瑩、蘇雪林也都公開譴責。[22] 郭氏所屬的中國文藝協會也於一九六三年十一月,以《心鎖》違反該會公約第三條:「我們深信文藝工作者文藝作品具有莊嚴意義。我們決不為迎合社會風氣而寫作,也決不為追求個人名利而寫作。我們更誓不寫那些有損於社會人心,敗壞道德的作品。」而被註銷會籍。由於中國文藝協會的聲明中有「誨淫敗德」等詞句,郭氏曾於十一月八日召開記者會,說明文協的聲明,對他的名譽是一種損害。[23]

有關《心鎖》的討論一直持續十多年,直到一九七八年才停止。在一九六三年查禁事件發生不久,各方人士討論最激烈

---

[22] 當時謝冰瑩有〈給郭良蕙女士的一封公開信〉,見《自由青年》第337期,頁17。蘇雪林曾撰寫書評〈評兩本黃色小說《江山美人》與《心鎖》〉,見《文苑》第2卷第4期(1963年3月),頁4-6。

[23] 見《徵信新聞報》第3版,1963年11月9日。

的時候，有余之良氏編纂當時討論《心鎖》的相關文章，題名為《心鎖之論戰》（臺北市：五洲出版社，1963年），收相關文章三十二篇，可惜因結集太早，一九六三年以後之文章有多篇未及收入。

《心鎖》從一九六三年遭查禁以來，並未曾解禁。一九八六年時，時報文化出版公司出版《郭良蕙作品集》時，曾將《心鎖》列入第二種公開發行，且曾多次再版，卻未聞再度遭受查禁。

（二）陳映真的《將軍族》

這是陳映真的短篇小說集，一九七五年十一月，由遠景出版社出版。收陳氏於一九六〇年至一九六四年間，在《筆匯》月刊和《現代文學》發表的短篇小說十一篇。篇目是：（1）〈我的弟弟康雄〉；（2）〈家〉；（3）〈鄉村的教師〉；（4）〈故鄉〉；（5）〈死者〉；（6）〈祖父和傘〉；（7）〈那麼衰老的眼淚〉；（8）〈文書〉；（9）〈將軍族〉；（10）〈淒慘的無言的嘴〉；（11）〈一綠色之候鳥〉。這些作品屬於陳映真作品的第一個時期，在這時期，「他顯得憂悒、感傷、蒼白而且苦悶。這種慘綠的色調，在投稿於《筆匯》月刊的一九五九年到一九六一年間最為濃重。一九六一年迄一九六五年，他寄稿於《現代文學》的時期，還相當程度地保留了這種青蒼的色調。」[24] 由於陳氏這一時期小說有如此的風格，所以有些批評家就從評論的文章篇目直接說明對他

---

[24] 見許南村撰：〈試論陳映真〉，收入《將軍族》（臺北縣：遠景出版社，1975年10月），頁17-30。

小說的觀感,如尉天驄的〈不是所有的人都活在黑夜裡——論陳映真的小說〉[25],既是對陳氏的針砭,也是一種期待。

一九六七年陳映真因「民主臺灣同盟」案被捕,至一九七三年七月出獄。一九七五年十月即同時出版《將軍族》和《第一件差事》兩書。其中的《將軍族》卻在同年十一月二十八日,遭臺灣警備總司令部以謙旺八八五四號函加以查禁。查禁的原因是違反《戒嚴法》「三6」,即違反新法第三條「淆亂視聽,足以影響民心士氣或危害社會治安者」。《將軍族》是陳氏第一時期所寫的小說,表現的風格前已有所說明,《第一件差事》為陳氏第二時期的小說,風格已與《將軍族》大不相同。這兩本書同時出版,卻有不同的命運,可見有關當局並非因人禁書,而是因《將軍族》本身灰色的風格所引起。

《將軍族》被查禁後,並沒像郭良蕙的《心鎖》引起很大的爭議,並非所有的知識分子都默認該書應被禁,而是當時文網正密,為免惹來麻煩,大家只好認了。

(三)吳濁流的《無花果》

吳濁流的《無花果》是吳氏的自傳,從一九六八年七月在《臺灣文藝》第十九期連載,至第二十一期結束,全文十三章十萬八千字。這文刊出後,並沒有引起一般人的注目,倒是引起日本《中國》雜誌的注意,將全文譯成日文,在一九六九年四月的《中國》第六五號連載,至八月的第六九號結束,計連載五次。

---

[25] 該文發表於《中外文學》第 4 卷第 8 期(1976 年 1 月),頁 52-62。

譯文在書名《無花果》之下加上副題「臺灣七十年的回想」。吳氏認為這篇自傳有廣為流傳的必要，遂出資請臺北市林白出版社代為印行單行本，於一九七〇年十月出版。第二年（1971年）四月十二日，即遭臺灣警備總部以助維字第二三二〇號文，以違反《臺灣地區戒嚴時期出版物管制辦法》第三條第六款「淆亂視聽，足以影響民心士氣或危害社會治安者」加以查禁。

《無花果》有那些章節會「淆亂視聽」、「影響民心士氣」、「危害社會治安」呢？明眼人都知道是第十三章〈二二八事件及其前後〉，吳氏描述其親身見證和感受，引起有關當局的疑慮所致。當時，可說談二二八事件即人人色變，《無花果》竟敢觸有關當局的逆鱗，自要被查禁。張良澤先生在〈《無花果》解析〉一文說：「一九七〇年十月十日中文單行本一出，即遭警總查禁……，故此書一受查禁，反而聲名大噪，很多人買不到這本書，只知道這是一本唯一寫出二二八事件的『好書』，爭相傳告。吳濁流在此辦了七年的《臺灣文藝》而沒有人知道，卻因此書查禁而使眾多臺灣人視之為『英雄』」。林衡哲先生在〈三讀《無花果》〉一文也說：「他這部從純文學出發的自傳，只因為其中有百分之十左右描述二二八事件的親身見證與感受，就變成了他自己心愛的故鄉臺灣的禁書，這點與詹姆士・喬艾思的《悠力息斯》已經變世界名著，但卻無法在自己的故鄉愛爾蘭出版一樣。」[26]

---

[26] 張良澤〈《無花果》解析〉，見吳濁流《無花果》（臺北市：前衛出版社，1993年3月），頁7-32。林衡哲的〈三讀《無花果》〉，見同書，頁231-255。

《無花果》從一九七一年四月查禁以來，一直未解禁，但一九九三年三月前衛出版社卻重新出版了這書。這時候，臺灣已解嚴，有關二二八事件的史料紛紛出籠，各種平反該事件的社會運動也如火如荼的進行著。《無花果》中有關二二八事件的描述，顯然是微不足道了。

五、查禁工作對學術研究的影響

　　從一九五一年起大量查禁淪陷區學者、作家著作的事，對整個學術的影響是相當深遠的。本來自清光緒二十一年（1895）臺灣割讓給日本以來，臺灣和中國文化傳統的疏離也逐漸加深，一九四五年抗戰勝利，短暫回歸祖國的懷抱僅四年，大陸即淪陷。當時由大陸輸入各種學科的圖書不下數千種，這算是給久旱的臺灣知識分子一絲絲及時的甘霖。旋因宣布戒嚴，與共產黨所佔領的中國因敵對而斷絕交流，圖書也禁止輸入，以前輸入的也遭到雷厲風行的查禁。至一九八七年七月十五日解除戒嚴，大陸出版品才能少量的再流入臺灣。可見自光緒二十一年（1895）以來，臺灣有九十多年間幾乎與中國傳統隔絕。在此種情況下，要學者對近現代中國的學術、文學有多深的認識，實不免太過奢求。

　　如純就現代文學的研究來說，影響最大的當然是三十年代文學的研究。個人以為這數十年的查禁工作，產生了下列數點不良的影響。

（一）三十年代文學研究的空白

　　由於販售或擁有三十年代的文學作品，幾乎都有「為匪宣傳」，甚至被羅織為「匪諜」的嫌疑，所以根本沒有人敢流傳。在這種情況下，不論圖書館或個人，都沒有三十年代的文學作品，學校如有開課，也都是點綴性質，談不上深入研究，要培養人才也就難上加難。既無圖書又無人材，要研究這一時段的文學，無異空中樓閣！所以，直到一九七○年才由長歌出版周錦編著的《中國新文學史》，但該書僅著重史料的收錄，對重要作家作品的評介，則著墨較少。所以如此，大概作家作品不容易蒐集的緣故。後來，雖有劉心皇的《現代中國文學史話》（臺北市：正中書局，1971年8月）、中華民國文藝史編纂委員會編《中華民國文藝史》（臺北市：正中書局，1975年6月）、周錦的《中國新文學簡史》（臺北市：成文出版社，1980年5月）等書陸續出版，但讀者心中，似乎仍期待有更權威的文學史出現。這些文學史的編寫所以不夠理想，有一大部分原因是作品原典不足，和可資參考的資料太少所致。

　　由於國內所編纂的現代文學史不夠理想，所以司馬長風所著的《中國新文學史》（香港：昭明出版公司，1975、1976、1978年）在臺灣被翻印出版時，竟大為風行，幾乎每一中文系老師和學生都擁有一冊。這與該書能提供三十年代文學、抗戰文學等較多的參考資料有很密切的關係。又如夏志清原用英文寫作的《A History of Modern Chinese Fiction 1917～1957》一書，經劉紹銘編譯，書名作《中國現代小說史》，於一九七九年九月，由臺

北市傳記文學出版社出版。該書一出版，即大為風行，幾乎人手一冊。這與該書大部分篇幅在討論茅盾、老舍、沈從文、張天翼、巴金、吳組緗、錢鍾書、師陀等很想了解，但又無從了解的作家有關。從這些外來的文學史能迅速佔有臺灣的文學學術市場，就可以看出國內三十年代文學研究是多麼的貧乏。

（二）從事研究時引用的困擾

如有人發心想研究三十年代文學，由於所能找到的作品印本和研究著作大都是盜印本，完全沒有版權頁，封面也不註出版者，研究時要引用，可說困難重重。一九八一年左右有關當局文網較寬時，筆者在坊間購到的三十年代作品，如巴金的《寒夜》、《某夫婦》、《家》、《春》、《秋》、《巴金傑作選》，老舍的《火葬》、《二馬》、《趙子曰》、《微神集》、《駱駝祥子》、《老張的哲學》，周作人的《知堂回想錄》，茅盾的《速寫與隨筆》，曹禺的《原野》、《雷雨》，魯迅的《彷徨》、《夜記》、《野草》、《魯迅散文選》，葉紹鈞的《稻草人》，錢鍾書的《寫在人生邊上》、《人・獸・鬼》（有三種不同印本）、《圍城》（也有三種不同印本），蕭紅《呼蘭河傳》、《蕭紅散文》等，都沒有版權頁，封面上所印之出版社或是該書原出版社之名，或是假名，根本無法辨認是何時、何地出版。研究著作，如趙聰的《三十年代文壇點將錄》、曹聚仁《文壇五十年》、今聖嘆《新文學家回想錄》、未署名的《關於魯迅》、魯迅的《阿Q正傳的成因》、未署名的《評阿Q正傳》、周遐壽的《魯迅的故家》、沈從文的《沈從文自傳》（有兩種印本）等多種，情況也完全相同，引用時要註明出處，該如何處理？

除這些問題外,有不少三十年代文學家的著作,出版商翻印時隨意竄改,有時為避開有關當局耳目,竟張冠李戴,讀者一不小心即有可能受騙。如:朱光潛的《我與文學及其他》一書,一九四三年上海市開明書店出版,前有葉紹鈞的序。一九七七年二月大漢出版社重排印時,將書前葉紹鈞的序,改題作者為「朱自清」。[27] 又郭紹虞著有《語文通論》(上海市:開明書店,1941年9月)和《語文通論續編》(上海市:開明書店,1948年3月)二書,一九七六年十月,臺北市華聯出版社取《語文通論》所收論文的前三篇,和《語文通論續編》論文的前八篇,編為一書,作者題名為「朱自清」,書名仍作《語文通論》。[28] 以上兩例,所以要將葉紹鈞、郭紹虞改名為朱自清,是因朱氏在大陸淪陷時已過世,作品不在查禁之列,因此,書商找他來作人頭。在此種查禁風氣之下,朱自清算是受害者,還是受益者呢?

又如:茅盾本著有《世界文學名著講話》(上海市:開明書店,1947年6月)一書,一九七六年十月華貿出版社翻印時竟將作者改題為「林語堂」,該社更在該年九月二十六日的《中央日報》四版登廣告說:「林語堂譯《世界文學名著史話》,了解世界古今文壇,瞭若指掌,中西貫通,文筆生動,如飲醇酎,令人沉醉,

---

[27] 參考林慶彰撰〈如何整理戒嚴時期出版的偽書?〉,見《文訊》第45期(1989年7月),頁10-13。

[28] 參考林慶彰撰〈一本偽書——談朱自清的《語文通論》〉,見《書評書目》第84期(1980年4月),頁65-68。

手不忍釋。」由於林語堂的書不在查禁之列,出版者只好拿他來作人頭。[29]

竄改作者名最厲害的應是臺灣商務印書館重印的《東方雜誌》。該雜誌當時有不少後來左傾的名作家發表作品,臺灣商務重印時將這些作家一律改名,如:

1. 瞿秋白〈現代文明的問題與社會主義〉(二一卷一號),作者改題「秋勃」。
2. 葉紹鈞〈春光不是她的了〉(二一卷十五號),作者改題「肇鈞」。
3. 葉紹鈞〈外國旗〉(二二卷一號),作者改題「肇鈞」。
4. 郭沫若〈喀爾美蘿姑娘〉(二二卷四號),作者改題「末碩」。
5. 郭沫若〈行路難〉(二二卷七、八號),作者改題「末碩」。
6. 張聞天〈飄零的黃葉〉(二二卷十二號),作者改題「憤天」。
7. 郭沫若〈落葉〉(二二卷十八、十九、廿、廿一號),作者改題「末碩」。
8. 沈從文〈宋代表〉(二三卷二號),作者改題「重文」。
9. 沈從文〈劊子手〉(二四卷九號),作者改題「重文」。
10. 胡也頻〈貓〉(二四卷十九號),作者改題「演平」。
11. 沈從文〈元宵〉(二六卷十一、十二號),作者改題「重文」。
12. 胡也頻〈小縣城中的兩個婦人〉(二六卷十八號),作者改題「演平」。

---

[29] 參考林慶彰撰〈誰幽林語堂一默?——談林著《世界文學名著史話》〉,見《書評書目》第88期(1980年8月),頁30-32。

這些竄改的例子，僅是檢查其中一部分所得，如果全面加以檢索，所得當不止這些。更令人訝異的是，該館所出版的《重印東方雜誌全部舊刊總索引》竟根據這些竄改的人名來編索引，這對學術研究傷害有多大，不問可知。

另外，為避免招惹麻煩，將文學作品中有違礙的章節加以刪節也時有所聞，如葉公超在一九三四年五月至八月主編的《學文》月刊，第四期刊有沈從文的〈湘行散記——老伴〉一文，一九七七年十一月臺北市雕龍出版社翻印時，竟將該文談到「民變」的一段刪去。[30]

六、結論

茲根據上文的分析，作成下列數點結論：

其一，查禁圖書的動機不外維護國家安定、維護善良風俗。這數十年間用來查禁圖書的法令根據，雖有很多，但以違反《出版法》和違反《戒嚴法》的最多。所謂「違反出版法」，是指違反《出版法》第卅九條第一項第三款，即違反《出版法》第三二條第二、三款所列罪名。第二款是「觸犯或煽動他人觸犯妨害公務罪、妨害投票罪或妨害秩序罪者」，第三款是「觸犯或煽動他人觸犯褻瀆祀典罪，或妨害風化罪者」。其中以「妨害風化罪」

---

[30] 參考林耀椿撰〈錢鍾書與《學文》月刊〉，見《國文天地》第 11 卷第 8 期（1996 年 1 月），頁 88-92。

遭查禁者最多。所謂「違反戒嚴法」，是指違反《臺灣省戒嚴期間新聞紙雜誌圖書管制辦法》（舊法）的第二條第三、六款。第三款是「為共匪宣傳的圖畫文字」，第六款是「足以淆亂視聽影響民心士氣或危害社會治安之言論」。後來修訂公布的《臺灣地區戒嚴時期出版物管制辦法》（新法），則將原第二條改為第三條，被查禁的書則違反第三條第三、六款。

其二，被查禁的三十年代文學作品中，違反《出版法》的有丁玲、巴金、老舍、沙丁、李廣田、李霽野、茅盾、曹禺、郭沫若、張天翼、張恨水、靳以、魯迅等人之著作二十餘種。這些作品被查禁的原因都空白，有可能觸犯內亂罪或妨害秩序罪。違反《戒嚴法》的數量相當多，作家有丁玲、巴金、王西彥、王統照、朱光潛、老舍、沙汀、沈從文、何其芳、吳祖光、吳祖緗、李廣田、李健吾、阿湛、茅盾、柳亞子、郁達夫、姚雪垠、夏丏尊、師陀、唐弢、夏衍、張天翼、陸蠡、曹禺、郭沫若、張恨水、葉聖陶、靳以、端木蕻良、魯迅、錢鍾書、蕭紅、蕭軍、蕭乾、臧克家、豐子愷等人的作品一百餘種。這些作品如根據舊法查禁的是「二3」，根據新法的是「三3」，都是因「為匪宣傳」而遭殃。

其三，臺灣文學作家作品被查禁的較少。較有代表性的是郭良蕙的《心鎖》，因違反《出版法》「妨害風化罪」而被查禁。惟此一查禁事件曾有見仁見智的看法，作者在遭受譴責之餘，被註銷中國文藝協會的會員會籍。其次是陳映真的《將軍族》，是違反《戒嚴法》第三條第六款，即「淆亂視聽，足以影響民心士氣或危害社會治安者」。其三是吳濁流的《無花果》，因第十三

章記載二二八事件始末,違反《戒嚴法》第三條第六款而被查禁。這幾本禁書,政府一直未解禁,但《心鎖》已收入《郭良蕙作品集》中,《無花果》也有重印本,並未見政府再加以查禁。

　　其四,由於任意查禁三十年代文學作品,造成圖書館相關圖書的貧乏和研究人才的不足,以致無法寫出一部夠水準的現代中國文學史。且大部分流傳的三十年代文學作品和相關研究著作,都是翻印本,大多未有版權頁,研究時引用相當困難。又為免惹麻煩,許多出版商往往將三十年代文學作家改名或換成其他作者,此以重印本《東方雜誌》的情況最嚴重,這些因禁書而造成的畸形現象,對學術研究產生了不少的困擾。

臺灣商務印書館
竄改《東方雜誌》重印本[*]

一、前言

　　一九八一年某月間，我從目錄書上得知顧頡剛先生曾在《東方雜誌》三十二卷第十四號（1935年7月）發表〈明代文字獄禍考略〉。我到東吳大學圖書館查看重印本《東方雜誌》，發現該文的作者卻作「顧其剛」。由於先前我曾在《書評書目》中寫過四篇探討戒嚴時期書局作偽書的文章，[31]所以對此事特別敏感，直覺地以為臺灣商務印書館在重印《東方雜誌》時，曾有系統的加以竄改。為了證實此事，我又找了陳獨秀發表在《東方雜誌》三十四卷第十一號（1937年6月）的一篇〈老子考略〉，發現作者卻作「程秀」。《東方雜誌》竄改作者名字的事幾乎可完全確定。但竄改的幅度有多大，僅數位，或數十位，沒經過仔細核對，不容易說清楚。要核對此事，必須有舊本和重印本的雜誌對勘，才能進行。國內歷史較悠久的圖書館僅有舊本，而有重印本的則

---

[*] 原載於《昌彼得教授八秩晉五壽慶論文集》（臺北市：臺灣學生書局，2005年2月），頁129-155。

[31] 這四篇文章是：(1)〈一本偽書——談朱自清的《說文通論》〉，《書評書目》84期（1980年4月），頁65-68。(2)〈誰幽林語堂一默？——談林著《世界文學名著史話》〉，《書評書目》88期（1980年8月），頁30-32。(3)〈胡適之先生編過《白話詞選》？〉，《書評書目》95期（1981年3月），頁137-138。(4)〈偽書概觀——以華聯（五洲）出版社的文史書為例〉，《書評書目》95期（1981年3月），頁97-108。

無舊本，要完成此事，似乎相當困難。某年，赴中國大陸洽公，在書店發現有三聯書店編輯部所編的《東方雜誌總目》（北京市：三聯書店，1957年12月第1版，1980年12月重印），喜出望外。一九九一年間，我利用晚上時間拿著《東方雜誌總目》到書庫，和重印本相核對，重印時遭竄改的地方，一一註記在《東方雜誌總目》上，本來想及早將核對的結果發表出來，但因中央研究院工作太過繁忙，且我的研究重點在經學，似乎騰不出時間來撰寫圖書文獻方面的論文。就這樣，一擱就十餘年。

去年八、九月間接到由吳哲夫先生、陳仕華兄主事，要為昌瑞卿師八十五壽辰出論文集的邀稿函。我在思考怎樣的文章才能為瑞卿師祝壽，且對學術界有點幫助。忽然想起這十多年來未完成的事。今年（2005年）一月初，陳仕華兄來電催稿，我向他報告，將撰寫臺灣商務印書館竄改《東方雜誌》重印本的事，他欣然同意。我將當時在《東方雜誌總目》所作的註記加以整理，勉強湊成這篇報告，算是為瑞卿師八五嵩壽略表心意。也了卻這十多年來想完成此事的心願。

商務印書館竄改《東方雜誌》重印本，是在臺灣戒嚴文化下不得不有的生存手段，我們對臺灣商務印書館也不忍心苛責。現在來探討此事，也不是要怪罪商務印書館，而是要還原該雜誌的真正面目，也為國民政府的高壓統治手段作註腳。[32]

---

[32] 當時國民政府實施戒嚴令，除特殊管道外，任何人都不可能擁有大陸出版的書刊。不過，國防部所出版的《國魂》，將馮友蘭的著作改名，長期連載，是「只許州官放火，不許百姓點燈」，最明顯的例子。此事二十年前筆者翻閱《國魂》時，已經發現，只未形諸文字而已。

商務印書館竄改《東方雜誌》重印本的方法，不外是竄改作者名和刪除部分篇章兩種方法。本文將有竄改的部分分成兩大類，按卷期先後逐條加以排列，如何竄改也就一目了然。

二、竄改作者姓名

竄改作者姓名的方法，大抵改用作者的字號，或姓名的同音字，這是戒嚴時期翻印大陸出版品最常見的方法，詳細內容請參見表一。

表一　《東方雜誌》重印本竄改作者姓名實例

卷號／日期	竄改之內容
二十卷第一號 1923年1月10日	1.「這是甲」……張東蓀。→改作「北溟」。 2. 小泉八雲……愈之。→改作「愉之」。 3. 華萊斯的達爾文主義……周建人。→改作「見仁」。 4. 街之歌者（隨筆）……愈之譯。→改作「愉之」。
二十卷第三號 1923年2月10日	1. 賠款與戰債……張聞天。→改作「憤天」。 2. 批導的實在論……張東蓀。→改作「北溟」。
二十卷第四號 1923年2月25日	1. 賠款與戰債（完）……張聞天。→改作「憤天」。 2. 遺傳與環境……周建人。→改作「見仁」。 3. 鐘（小說）……愈之譯。→改作「愉之」。 4. 懷中冊裡的秘密（劇本）……愈之譯。→改作「愉之」。
二十卷第五號 1923年3月10日	1. 植物的心理……周建人。→改作「見仁」。
二十卷第八號 1923年4月25日	1. 聖誕節的新食品（小說）……仲持譯。→改作「重持」。

卷號／日期	竄改之內容
二十卷第九號 1923 年 5 月 10 日	1. 相對論的哲學與新論理主義……張東蓀。→改作「北溟」。 2. 演劇界巨星莎拉般哈德夫人……愈之。→改作「愉之」。
二十卷第十一號 1923 年 6 月 10 日	1. 近代生物學的傾向與人生……周建人。→改作「見仁」。
二十卷第十二號 1923 年 6 月 25 日	1. 誰能救中國……東蓀。→改作「北溟」。
二十卷第十五號 1923 年 8 月 10 日	1. 唯用論在現代哲學上的真正地位……張東蓀。→改作「北溟」。
二十卷第十六號 1923 年 8 月 25 日	1. 唯用論在現代哲學上的真正地位（完）……張東蓀。→改作「北溟」。
二十卷第十七號 1923 年 9 月 10 日	1. 歐洲前途之豫測（英國羅素著）……仲持譯。→改作「重持」。
二十卷第十八號 1923 年 9 月 25 日	1. 東與西（太戈爾著）……愈之譯。→改作「愉之」。
二十卷第二十一號 1923 年 11 月 10 日	1. 文學教員（小說）……仲持譯。→改作「重持」。
二十卷第二十二號 1923 年 11 月 25 日	1. 時論的誤點……惲代英。→改作「待英」。 2. 坎地亞的沉冤（小說）……仲持譯。→改作「重持」。
二十卷第二十三號 1923 年 12 月 10 日	1. 新實在論的研究……張東蓀。→改作「北溟」。
二十一卷第一號 （二十週年紀念號〔上〕） 1924 年 1 月 10 日	1. 中國政制問題……張東蓀。→改作「北溟」。 2. 上海之銀洋並用問題……馬寅初。→改作「影疏」。 3. 現代文明的問題與社會主義……瞿秋白。→改作「秋勃」。

卷號／日期	竄改之內容
二十一卷第五號 1924 年 3 月 10 日	1. 新曼兌爾主義和習得性遺傳說的復興……周建人。→改作「見仁」。 2. 上帝的聲音（小說）……仲持譯。→改作「重持」。
二十一卷第七號 1924 年 4 月 10 日	1. 婦女問題與貧富問題……于樹德。→改作「汝得」。 2. 介紹愛爾蘭詩人夏芝……愈之譯。→改作「愉之」。
二十一卷第九號 1924 年 5 月 10 日	1. 英國工黨政治的開始……愈之。→改作「愉之」。
二十一卷第十一號 1924 年 6 月 10 日	1. 價值論……馬寅初。→改作「馬影疏」。 2. 性率和性的分配問題……周建人。→改作「見仁」。
二十一卷第十二號 1924 年 6 月 25 日	1. 妖術（小說）……仲持譯。→改作「重持」。
二十一卷第十五號 1924 年 8 月 10 日	1. 試驗胚胎學的成功……周建人。→改作「見仁」。 2. 春光不是她的了（小說）……葉紹鈞。→改作「肇鈞」。
二十二卷第一號 1925 年 1 月 10 日	1. 外國旗（小說）……葉紹鈞。→改作「肇鈞」。
二十二卷第二號 1925 年 1 月 25 日	1. 科學與哲學……張東蓀。→改作「北溟」。
二十二卷第四號 1925 年 2 月 25 日	1. 國故學之意義與價值……曹聚仁。→改作「趙及人」。 2. 喀爾美蘿姑娘（小說）……郭沫若。→改作「末碩」。
二十二卷第六號 1925 年 3 月 25 日	1. 聯邦論辯……張東蓀。→改作「北溟」。

卷號／日期	竄改之內容
二十二卷第七號 1925年4月10日	1. 行路難（小說）……郭沫若。→改作「末碩」。
二十二卷第八號 1925年4月25日	1. 讀中國之優生問題……周建人。→改作「見仁」。 2. 行路難（小說）……郭沫若。→改作「末碩」。
二十二卷第九號 1925年5月10日	1. 唯用派哲學之自由論……張東蓀。→改作「北溟」。
二十二卷第十號 1925年5月25日	1. 唯用派哲學之自由論（完）……張東蓀。→改作「北溟」。
二十二卷第十二號 1925年6月25日	1. 赫胥黎與達爾文進化說……周建人。改作「見仁」。 2. 飄零的黃葉（小說）……張聞天。→改作「憤天」。
五卅事件臨時增刊 1925年6月	1. 五卅事件紀實……胡愈之。→改作「愉之」。
二十二卷第十五號 1925年8月10日	1. 內外時評 滬案之世界的反響……愈之。→改作「愉之」。
二十二卷第十六號 1925年8月25日	1. 不平等條約於我國經濟上之影響……馬寅初。→改作「影疏」。
二十二卷第十八號 1925年9月25日	1. 出世思想與西洋哲學……張東蓀。→改作「北溟」。 2. 落葉（小說）……郭沫若。→改作「末碩」。 3. 選錄 匯豐銀行……馬寅初。→改作「影疏」。
二十二卷第十九號 1925年10月10日	1. 落葉（小說）……郭沫若。→改作「末碩」。 2. 選錄 匯豐銀行……馬寅初。→改作「馬影疏」。
二十二卷第二十號 1925年10月25日	1. 落葉（小說）……郭沫若。→改作「末碩」。
二十二卷第二十一號 1925年11月10日	1. 落葉（小說）（完）……郭沫若。→改作「末碩」。

卷號／日期	竄改之內容
二十三卷第一號 1926 年 1 月 10 日	1. 國民外交與國際時事研究……胡愈之。→改作「愈之」。 2. 敘利亞問題……胡愈之。→改作「愈之」。 3. 初學哲學之一參考……張東蓀。→改作「北溟」。
二十三卷第二號 1926 年 1 月 25 日	1. 比薩拉比亞問題……胡愈之。→改作「愈之」。 2. 宋代表（小說）……沈從文。→改作「重文」。
二十三卷第三號 1926 年 2 月 10 日	1. 由自利的我到自制的我……張東蓀。→改作「北溟」。 2. 棒喝運動……胡愈之。→改作「愈之」。
二十三卷第四號 1926 年 2 月 25 日	1. 銀行之勢力何以不如錢莊……馬寅初。→改作「影疏」。
二十三卷第五號 1926 年 3 月 10 日	1. 國際聯盟……胡愈之。→改作「愈之」。 2. 豬的歷史（小說）……愈之譯。→改作「愈之」。
二十三卷第六號 1926 年 3 月 25 日	1. 的羅爾問題……胡愈之。→改作「愈之」。
二十三卷第十一號 1926 年 6 月 10 日	1. 英國煤礦爭議與總罷工……愈之。→改作「愈之」。
二十三卷第十五號 1926 年 8 月 10 日	1. 獸性問題……張東蓀。→改作「北溟」。
二十三卷第十六號 1926 年 8 月 25 日	1. 拉馬克的習得性遺傳問題……周建人。→改作「見仁」。
二十三卷第十八號 1926 年 9 月 25 日	1. 都侖大那（小說）……仲持譯。改作「重持」。
二十三卷第二十一號 1926 年 11 月 25 日	1. 進化論的歷史和應用……周建人譯。→改作「見仁」。
二十四卷第一號 （國際現勢號） 1927 年 1 月 10 日	1. 英國今日幾個最大的問題……張奚若。→改作「熙若」。

卷號／日期	竄改之內容
二十四卷第二號 （國際現勢號） 1927 年 1 月 25 日	1. 巴爾幹半島的今日……胡愈之。→改作「愉之」。 2. 中東的現勢與國際關係……胡愈之。→改作「愉之」。 3. 拉丁亞美利加——美國的外府……愈之。→改作「愉之」。
二十四卷第三號 1927 年 2 月 10 日	1. 名相與條理……張東蓀。→改作「北溟」。 2. 英雄（小說）……仲持譯。→改作「重持」。
二十四卷第四號 1927 年 2 月 25 日	1. 中國經濟上之根本問題……馬寅初。→改作「馬影疏」。 2. 名相與條理（完）……張東蓀。→改作「北溟」。
二十四卷第五號 1927 年 3 月 10 日	1. 動物陸棲後的適應方法……周建人譯。→改作「見仁」。
二十四卷第九號 1927 年 5 月 10 日	1. 劊子手（小說）……沈從文。→改作「重文」。
二十四卷第十一號 1927 年 6 月 10 日	1. 中國畫的特色……豐子愷。→改作「封愷」。
二十四卷第十三號 1927 年 7 月 10 日	1. 狂濤將至的太平洋……愈之。→改作「愉之」。
二十四卷第十九號 1927 年 10 月 10 日	1. 新語林 清帝打獵地方的自然史……建人。→改作「見仁」。 2. 貓（小說）……胡也頻。→改作「演平」。
二十四卷第二十二號 1927 年 11 月 25 日	1. 新語林 世界語四十年……愈之。→改作「愉之」。
二十五卷第一號 1928 年 1 月 10 日	1. 我們需要和平……愈之。→改作「愉之」。 2. 新創化論……張東蓀。→改作「北溟」。
二十五卷第七號 1928 年 4 月 10 日	1. 宇宙觀與人生觀……張東蓀。→改作「北溟」。

卷號／日期	竄改之內容
二十五卷第八號 1928年4月25日	1. 宇宙觀與人生觀（完）……張東蓀。→改作「北溟」。
二十五卷第十五號 1928年8月10日	1. 巴黎國際戲劇節的兩晚……愈之。→改作「愉之」。
二十五卷第十六號 1928年8月25日	1. 和平的新方案──戰爭非法運動……愈之。→改作「愉之」。
二十五卷第十七號 1928年9月10日	1. 紙上和平的開洛公約……愈之。→改作「愉之」。
二十五卷第十九號 1928年10月10日	1. 託爾斯泰誕生百年紀念 託爾斯泰與東方……愈之譯。→改作「愉之」。 脫洛斯基的託爾斯泰論……巴金譯。→改作「柏金」。
二十五卷第二十二號 1928年11月25日	1. 貧窮世界的第一次發見（小說）……愈之譯。→改作「愉之」。
二十六卷第七號 1929年4月10日	1. 國際 教皇的新國與羅馬問題的解決……愈之。→改作「愉之」。
二十六卷第十一號 1929年6月10日	1. 新語林 食物選擇與性格的變化……昌群。→改作「滄群」。 2. 元宵（小說）……沈從文。→改作「重文」。
二十六卷第十二號 1929年6月25日	1. 裁軍問題與列強之戰爭準備……愈之。→改作「愉之」。 2. 元宵（小說）(完)……沈從文。→改作「重文」。
二十六卷第十三號 1929年7月10日	1. 英國總選舉與工黨政治之開始……愈之。→改作「愉之」。
二十六卷第十六號 1929年8月25日	1. 梵諦岡與中國……愈之。→改作「愉之」。

卷號／日期	竄改之內容
二十六卷第十七號 1929年9月10日	1. 海牙會議的前夜……愈之。→改作「愉之」。 2. 現代哲學鳥瞰……張東蓀。→改作「北溟」。
二十六卷第十八號 1929年9月25日	1. 小縣城中的兩個婦人（小說）……胡也頻。→改作「演平」。
二十六卷第十九號 1929年10月10日	1. 新波斯……賀昌群。→改作「滄群」。
二十七卷第一號 （中國美術號） 1930年1月10日	1. 中國的繪畫思想……豐子愷。→改作「封愷」。 2. 東洋畫六法的理論的研究……豐子愷。→改作「封愷」。
二十七卷第三號 1930年2月10日	1. 倫敦會議與帝國主義海上勢力的消長……愈之。→改作「愉之」。
二十七卷第五號 1930年3月10日	1. 新有鬼論與新無鬼論……張東蓀。→改作「北溟」。
二十七卷第十一號 1930年6月10日	1. 因了單調的緣故（小說）……巴金譯。→改作「柏金」。
二十七卷第十二號 1930年6月25日	1. 習得性果能遺傳麼……周建人。→改作「見仁」。 2. 因了單調的緣故（小說）（完）……巴金譯。→改作「柏金」。
二十七卷第十五號 1930年8月10日	1. 亡命（小說）……巴金。→改作「柏金」。
二十七卷第二十一號 1930年11月10日	1. 德國選舉的經過及其國際的反響……愈之。→改作「愉之」。
二十七卷第二十四號 1930年12月25日	1. 父女倆（小說）……巴金。→改作「柏金」。
二十八卷第一號 1931年1月10日	1. 印度革命論（上）……愈之。→改作「愉之」。

卷號／日期	竄改之內容
二十八卷第二號 1931年1月25日	1. 印度革命論（中）……愈之。→改作「愉之」。
二十八卷第三號 1931年2月10日	1. 印度革命論（下）……愈之。→改作「愉之」。
二十八卷第七號 1931年4月10日	1. 生之戀（小說）……施蟄存譯。→改作「史存」。
二十八卷第八號 1931年4月25日	1. 生之戀（小說）（完）……施蟄存譯。→改作「史存」。
二十八卷第九號 1931年5月10日	1. 新語林 近代科學對於壽命的研究……建人。→改作「見仁」。
二十八卷第十四號 1931年7月25日	1. 喜馬拉雅山脈史前的先民住窟……賀昌群譯。→改作「滄群」。
二十八卷第十七號 1931年9月10日	1. 中國家制問題論爭 關於集居獨立的可能性……周建人。→改作「見仁」。 2. 敦煌佛教藝術的系統……賀昌群。→改作「滄群」。
二十八卷第二十號 1931年10月25日	1. 新語林 金魚的由來和蘭花的奇種……建人。→改作「見仁」。 2. 霧（小說）……巴金。→改作「柏金」。
二十八卷第二十一號 1931年11月10日	1. 霧（小說）（續）……巴金。→改作「柏金」。
二十八卷第二十二號 1931年11月25日	1. 霧（小說）（續）……巴金。→改作「柏金」。
二十八卷第二十三號 1931年12月10日	1. 霧（小說）（完）……巴金。→改作「柏金」。

卷號／日期	竄改之內容
二十九卷第一號 1932 年 1 月 1 日	1. 現代的危機……愈之。→改作「愉之」。 2. 楊嫂（小說）……巴金。→改作「柏金」。 3. 道德的生物學觀察……周建人。→改作「見仁」。
二十九卷第四號 1932 年 10 月 16 日	1. 東方論壇 本利的新生……愈之。→改作「愉之」。 2. 李頓報告書的分析與批評……胡愈之。→改作「愉之」。 3. 文藝 夜叉……施蟄存。→改作「史存」。 白鳥之歌……巴金。→改作「柏金」。
二十九卷第五號 1932 年 11 月 1 日	1. 東方論壇 第聶伯大水閘落成……愈之。→改作「愉之」。
二十九卷第六號 1932 年 11 月 16 日	1. 東方論壇 哈佛教授的非戰方法……愈之。→改作「愉之」。 2. 文藝 節日……沈從文。→改作「重文」。
二十九卷第七號 1932 年 12 月 1 日	1. 美德兩國的選舉……胡愈之。→改作「愉之」。
二十九卷第八號 1932 年 12 月 16 日	1. 東方論壇 蘇聯和平外交的進展……愈之。→改作「愉之」。 2. 文藝 冥屋……茅盾。→改作「毛頓」。 秋的公園……茅盾。→改作「毛頓」。
三十卷第一號 1933 年 1 月 1 日	1. 東方論壇 中俄關係的將來……愈之。→改作「愉之」。 2. 國際與中國 國民政府與內國公債……千家駒。→改作「佳駒」。 3. 學術專著 湯禱篇……鄭振鐸。→改作「西蒂」。

卷號／日期	竄改之內容
三十卷第一號 1933 年 1 月 1 日	4. 未來的展望 　未來的道德……周建人。→改作「見仁」。 5. 文藝作品 　我們這文壇……茅盾。→改作「毛頓」。 　慈母（詩）……老舍。→改作「老傳」。 　文房具詩銘三章……施蟄存。→改作「史存」。 　在夾板中的隨筆（散文）……謝六逸。→改作「駱逸」。 　養蜂（散文）……葉聖陶。→改作「性陶」。 　夢耶真耶（散文）……豐子愷。→改作「封愷」。 　煤坑（小說）……巴金。→改作「柏金」。 　給孩子們（小說）……丁玲。→改作「丁寧」。 6. 新年特輯（漫畫）……豐子愷。 　有漫畫「建築家的夢」、「母親的夢」、「教師的夢」、「黃包車夫的夢」、「投稿者的夢」等五幅，作者皆改作「封愷」。 7. 新年的夢想 　有作者數十位，名字遭竄改者有： 　鄭振鐸→改作「鄭鐸」。 　謝六逸→改作「駱逸」。 　老舍→改作「老傳」。 　葉聖陶→改作「性陶」。 　茅盾→改作「毛頓」。
三十卷第二號 1933 年 1 月 16 日	1. 蘇聯的文化革命……胡仲持譯。→改作「重持」。 2. 文藝欄 　胡桃雲片……豐子愷。→改作「封愷」。 　公墓……茅盾。→改作「毛頓」。 　健美……茅盾。→改作「毛頓」。 　給孩子們……丁玲。→改作「丁寧」。
三十卷第三號 1933 年 2 月 1 日	1. 東方論壇 　日本帝國主義的挑戰……愈之。→改作「愉之」。

卷號／日期	竄改之內容
三十卷第三號 1933年2月1日	2. 文藝欄 月下小景……沈從文。→改作「重文」。 新生……巴金。→改作「柏金」。 封建的小市民文藝……茅盾。→改作「毛頓」。 現代的……茅盾。→改作「毛頓」。
三十卷第四號 1933年2月16日	1. 最近兩年度的中國財政……千家駒。→改作「佳駒」。 2. 文藝欄 神的滅亡……茅盾。→改作「毛頓」。 新生（續）……巴金。→改作「柏金」。
三十卷第五號 1933年3月1日	1. 東方論壇 日內瓦報告書及其後……愈之。→改作「愉之」。 2. 婦女與家庭欄 從男女的爭鬥說到生育節制……建人。→改作「見仁」。 3. 文藝欄 新生（續）……巴金。→改作「柏金」。
三十卷第六號 1933年3月16日	1. 文藝欄 新生（續）……巴金。→改作「柏金」。
三十卷第七號 1933年4月1日	1. 文藝欄 新生（續）……巴金。→改作「柏金」。
三十卷第八號 1933年4月16日	1. 文藝欄 陋巷……豐子愷。→改作「封愷」。 憐傷……豐子愷。→改作「封愷」。 新生（續）……巴金。→改作「柏金」。
三十卷第九號 1933年5月1日	1. 文藝欄 早上——一堆土一個兵……沈從文。→改作「重文」。 新生（續）……巴金。→改作「柏金」。

卷號／日期	竄改之內容
三十卷第十號 1933年5月16日	1. 文藝欄 新生（續）……巴金。→改作「柏金」。
三十卷第十一號 1933年6月1日	1. 文藝欄 新生（續）……巴金。→改作「柏金」。
三十卷第十二號 1933年6月16日	1. 文藝欄 一個農夫的故事……沈從文。→改作「重文」。
三十卷第十三號 1933年7月1日	1. 漫畫……豐子愷。→改作「封愷」。 2. 文藝欄 灰色人生……茅盾。→改作「毛頓」。 機械的詩……巴金。→改作「柏金」。
三十卷第十五號 1933年8月1日	1. 文藝欄 旅途隨筆……巴金。→改作「柏金」。
三十卷第十六號 1933年8月16日	1. 文藝欄 取名……豐子愷。→改作「封愷」。 愛子之心……豐子愷。→改作「封愷」。
三十卷第二十三號 1933年12月1日	1. 文藝欄 抱孫……老舍。→改作「老傳」。
三十一卷第一號 （三十週年紀念號） 1934年1月1日	1. 最近三十年的中國財政……千家駒。→改作「佳駒」。 2. 明末清初之四川……顧頡剛、黎光明。→刪去顧頡剛的名字。 3. 倫理的宗教……王昆侖譯。→改作「王侖」。 4. 個人計畫 有作者數十人，被竄改者如下： 馬寅初→改作「馬影疏」。 章乃器→改作「張迺契」。 茅　盾→改作「毛頓」。 顧頡剛→改作「顧拮剛」。 王造時→改作「黃時」。 老　舍→改作「老傳」。 豐子愷→改作「封愷」。

卷號／日期	竄改之內容
三十一卷第二號 1934年1月16日	1. 中西接觸後社會上的變化……王造時。→改作「黃時」。
三十一卷第十號 1934年5月16日	1. 文藝欄 柳屯的……老舍。→改作「老傳」。
三十二卷第一號 1935年1月1日	1. 生活之一頁 有作者數十人，姓名遭竄改者如下： 馬寅初→改作「馬影疏」。 謝六逸→改作「駱逸」。 千家駒→改作「佳駒」。 王造時→改作「黃時」。 李公樸→改作「李共卜」。 2. 文藝 裕興池裡……老舍。→改作「老傳」。
三十二卷第七號 1935年4月1日	1. 倫敦宣言與歐洲國際局勢……胡愈之。→改作「愉之」。
三十二卷第八號 1935年4月16日	1. 德國武裝是怎樣解除的……王造時。→改作「黃時」。
三十二卷第九號 1935年5月1日	1. 巴黎和會中列強的軍縮態度……王造時。→改作「黃時」。
三十二卷第十號 1935年5月16日	1. 斯德萊柴會議的前後……王造時。→改作「黃時」。
三十二卷第十一號 1935年6月1日	1. 國聯初步裁軍的活動……王造時。→改作「黃時」。
三十二卷第十三號 1935年7月1日	1. 中國經濟問題 世界經濟恐慌如何影響及於中國與中國之對策……馬寅初。→改作「馬影疏」。
三十二卷第十四號 1935年7月16日	1. 明代文字獄禍考略……顧頡剛。→改作「顧其剛」。 2. 河車記（上）……黃炎培。→改作「軼培」。

卷號／日期	竄改之內容
三十二卷第十七號 1935 年 9 月 1 日	1. 河車記（下）……黃炎培。→改作「軼培」。
三十二卷第十九號 1935 年 10 月 1 日	1. 羅斯來華聲中之鎊匯利用外資及貿易平衡問題……谷春帆。→改作「春帆」。
三十二卷第二十三號 1935 年 12 月 1 日	1. 華盛頓初次限制海軍……王造時。→改作「黃時」。
三十二卷第二十四號 1935 年 12 月 16 日	1. 華盛頓軍縮會議所沒有成功的……王造時。→改作「黃時」。
三十三卷第一號 （特大號） 1936 年 1 月 1 日	1. 上海證券交易所有開拍產業證券行市之可能乎……馬寅初。→改作「馬影疏」。 2. 無結果的日內瓦三國海軍會議……王造時。→改作「黃時」。 3. 我的興趣 有作者數十名，姓名遭竄改者有： 王造時→改作「黃時」。 4. 文藝 搬的喜劇……茅盾。→改作「毛頓」。
三十三卷第二號 1936 年 1 月 16 日	1. 世界各國著名雜誌論文摘要 大廈谷事件與國際和平機關……王造時。→改作「黃時」。
三十三卷第三號 1936 年 2 月 1 日	1. 世界各國著名雜誌論文摘要 國際合作的進步……王造時。→改作「黃時」。
三十三卷第四號 1936 年 2 月 16 日	1. 世界各國著名雜誌論文摘要 在危機中之法國政策……王造時。→改作「黃時」。
三十三卷第六號 1936 年 3 月 16 日	1. 世界各國著名雜誌論文摘要 中國的人力……王造時。→改作「黃時」。
三十三卷第七號 1936 年 4 月 1 日	1. 從中國語言構造上看中國哲學……張東蓀。→改作「北溟」。

卷號／日期	竄改之內容
三十三卷第十五號 1936 年 8 月 1 日	1. 中國之人力（二）……王造時。→改作「黃時」。
三十三卷第十六號 1936 年 8 月 16 日	1. 世界各國著名雜誌論文摘要 　軍備競爭……王造時。→改作「黃時」。
三十三卷第十七號 1936 年 9 月 1 日	1. 東方論壇 　世界和平與軍縮問題……王造時。→改作「黃時」。 2. 世界各國著名雜誌論文摘要 　一個新的集體安全計劃……王造時。→改作「黃時」。
三十三卷第十八號 1936 年 9 月 16 日	1. 世界各國著名雜誌論文摘要 　無防備的新西蘭……王造時。→改作「黃時」。
三十三卷第十九號 1936 年 10 月 1 日	1. 多元認識論重述……張東蓀。→改作「北溟」。
三十三卷第二十號 1936 年 10 月 16 日	1. 世界各國著名雜誌論文摘要 　門羅主義與國聯盟約……王造時。→改作「黃時」。
三十三卷第二十一號 1936 年 11 月 1 日	1. 世界各國著名雜誌論文摘要 　西班牙的內戰……王造時。→改作「黃時」。
三十四卷第一號 1937 年 1 月 1 日	1. 中國古代車戰考略……顧頡剛、楊向奎。→將顧頡剛改作「顧拮剛」。 2. 經濟思想隨社會環境變遷之程序……馬寅初。→改作「馬影疏」。 3. 中國的平時和戰時財政問題……千家駒。→改作「佳駒」。 4. 哲學究竟是什麼……張東蓀。→改作「北溟」。 5. 中日問題 有作者數十位，姓名遭竄改者有： 馬寅初→改作「馬影疏」。 千家駒→改作「佳駒」。
三十四卷第二號 1937 年 1 月 16 日	1. 荀子韻表及考釋……陳獨秀。→改作「程秀」。

卷號／日期	竄改之內容
三十四卷第三號 1937年2月1日	1. 文藝 討漁稅……歐陽予倩。→改作「餘青」。
三十四卷第四號 1937年2月16日	1. 文藝 討漁稅（完）……歐陽予倩。→改作「餘青」。
三十四卷第五號 1937年3月1日	1. 實庵字說（一）……陳獨秀。→改作「程秀」。
三十四卷第六號 1937年3月16日	1. 實庵字說（二）……陳獨秀。→改作「程秀」。
三十四卷第七號 1937年4月1日	1. 實庵字說（三）……陳獨秀。→改作「程秀」。
三十四卷第九號 1937年5月1日	1. 一個省地方財政的實例……千家駒。→改作「佳駒」。
三十四卷第十號 1937年5月16日	1. 實庵字說（四）……陳獨秀。→改作「程秀」。
三十四卷第十一號 1937年6月1日	1. 老子考略……陳獨秀。→改作「程秀」。
三十四卷第十三號 1937年7月1日	1. 中國棉業之前途……馬寅初。→改作「馬影疏」。 2. 論中國國際收支平衡……千家駒。→改作「佳駒」。 3. 實庵字說（五）……陳獨秀。→改作「程秀」。 4. 世界各國著名雜誌論文摘要 民主主義之將來……史國綱。→改作「史岡」。
三十四卷第十八、十九號 1937年10月1日	1. 孔子與中國……陳獨秀。→改作「程秀」。 2. 文藝 曙光（獨幕劇）……歐陽予倩。→改作「餘青」。
三十四卷第二十、二十一號 1937年11月1日	1. 中國古代語音有複聲母說……陳獨秀。→改作「程秀」。

卷號／日期	竄改之內容
三十五卷第二號 1938 年 1 月 16 日	1. 杭州陷落前後……曹聚仁。→改作「趙及人」。
三十六卷第四號 1939 年 2 月 16 日	1. 廣韻東冬鍾江中之古韻考……陳獨秀。→改作「程秀」。
三十六卷第六號 1939 年 3 月 16 日	1. 廣韻東冬鍾江中之古韻考（續）……陳獨秀。→改作「程秀」。
三十六卷第十五號 1939 年 8 月 1 日	1. 兩年來我國戰時財政的檢討……千家駒。→改作「佳駒」。
三十六卷第二十號 1939 年 10 月 16 日	1. 文法稽古篇……傅東華。→改作「何華」。
三十六卷第二十一號 1939 年 11 月 1 日	1. 文法稽古篇（續）……傅東華。→改作「何華」。
三十七卷第十一號 1940 年 6 月 1 日	1. 積微居字說……楊樹達。→改作「楊士達」。
三十七卷第十四號 1940 年 7 月 15 日	1. 積微居字說（續）……楊樹達。→改作「楊士達」。
三十七卷第二十二號 1940 年 11 月 16 日	1. 中國古史表……陳獨秀。→改作「程秀」。
三十八卷第一號 （建國三十年紀念號） 1941 年 1 月 1 日	1. 政治 進步的三十年……陳翰笙。→改作「程翰」。 2. 國際關係 一九四一年的美日關係……儲玉坤。→改作「諸坤」。
三十八卷第二號 1941 年 1 月 16 日	1. 禹治九河考……陳獨秀。→改作「程秀」。
三十八卷第五號 1941 年 3 月 1 日	1. 從巴爾幹戰爭說到德蘇關係……儲玉坤。→改作「諸坤」。

卷號／日期	竄改之內容
三十八卷第十號 1941 年 5 月 16 日	1. 從蘇日關係說到太平洋戰爭……儲玉坤。→改作「諸坤」。
三十八卷第十四號 1941 年 7 月 16 日	1. 美國參戰問題的研究……儲玉坤。→改作「諸坤」。
三十八卷第十七號 1941 年 8 月 30 日	1. 種族綿續的保障……費孝通。→改作「費統」。
三十八卷第二十號 1941 年 10 月 15 日	1. 雙系撫育的確立……費孝通。→改作「費統」。
三十九卷第一號 （復刊號） 1943 年 3 月 15 日	1. 羅斯福四大自由之知與行……錢瑞升。→改作「瑞昇」。
三十九卷第二號 1943 年 3 月 30 日	1. 菁園絮語——關於方言……黃炎培。→改作「軼培」。
三十九卷第三號 1943 年 4 月 15 日	1. 論傳記文學……許君遠。→改作「許群」。
三十九卷第四號 1943 年 4 月 30 日	1. 德國軍事形勢與日本戰略……張志讓。→改作「章志」。 2. 叢書子目類編序……顧頡剛。→改作「顧拮剛」。
三十九卷第七號 1943 年 6 月 15 日	1. 論意境……許君遠。→改作「許群」。
三十九卷第八號 1943 年 6 月 30 日	1. 論戰後國之大小……錢端升。→改作「瑞昇」。 2. 論小說的人物……許君遠。→改作「許群」。
三十九卷第十號 1943 年 7 月 30 日	1. 納粹潛艇魔王鄧尼資……許君遠。→改作「許群」。
三十九卷第十一號 1943 年 8 月 15 日	1. 由人類血型說到戰後世界……郭沫若。→改作「末碩」。

卷號／日期	竄改之內容
三十九卷第十二號 1943 年 8 月 30 日	1. 今後軸心戰事趨向之推測……丁文淵。→改作「丁向遠」。 2. 論報紙文學……許君遠。→改作「許群」。
三十九卷第十三號 1943 年 9 月 15 日	1. 普立則獎金……許君遠。→改作「許群」。
三十九卷第十四號 1943 年 9 月 30 日	1. 論觸景生情……許君遠。→改作「許群」。
四十卷第一號 1944 年 1 月 15 日	1. 述吳起……郭沫若。→改作「末碩」。
四十卷第四號 1944 年 2 月 29 日	1. 邱吉爾的雪茄烟……許君遠譯。→改作「許群」。
四十卷第十四號 1944 年 7 月 31 日	1. 貓的故事……許君遠。→改作「許群」。
四十卷第十九號 1944 年 10 月 15 日	1. 宋鈃尹文遺著考……郭沫若。→改作「末碩」。
四十卷第二十一號 1944 年 11 月 15 日	1. 寫在「兒童福利會議」後……潘光旦。→改作「廣誕」。
四十一卷第十六號 1945 年 8 月 31 日	1. 舊金山的報業……許君遠。→改作「許群」。
四十三卷第七號 1947 年 4 月 15 日	1. 百老匯是藝術的寶庫……許君遠。改作「許群」。
四十三卷第十二號 1947 年 6 月 30 日	1. 家譜還有些什麼意義？……潘光旦。→改作「廣誕」。

從表一所羅列遭竄改的作者來看，數量可說相當多。但這些作者，如胡愈之、仲持、張東蓀、周建人、馬寅初、沈從文、巴金、豐子愷、施蟄存、顧頡剛、王造時等人，由於常在《東方雜誌》發表文章，商務印書館工作人員竄改時漏改的地方不少。可見該書局的工作人員跟清乾隆時代的四庫館臣心態差不多，虛應故事而已。[33] 從此事更可看出當時檢查單位警備總部存著馬虎的心態，不然，有那麼多處漏改而露出馬腳，商務印書館卻安然無恙？

三、刪除部分內容

戒嚴時期所翻印的大陸書籍，為逃避警備總部的檢查，往往將違礙字句刪除。論文集如整篇論文有不妥的地方，則整篇刪去。這種情形，只要打開翻印本大陸書籍，就可找到無數的例子，不煩這裡來舉例。

臺灣商務印書館重印《東方雜誌》時，也使用了刪除的技倆。茲將各卷期中被刪除的篇目，條列如下：
二十一卷第三號（1924年2月10日）

本期刪去與李寧有關的文章五篇，篇名是：

---

[33] 四庫館臣竄改朱彝尊《經義考》中所引錢謙益的話，也有許多漏改。可參考林慶彰〈四庫館臣竄改《經義考》之研究〉，原載《兩岸四庫學——第一屆中國文獻學學術研討會論文集》（臺北市：臺灣學生書局，1998年9月），頁239-262。收入林慶彰著《清代經學研究論集》（臺北市：中央研究院中國文哲研究所，2002年8月），頁233-273。

1. 李寧的死與其事業……誦虞。
   李寧死時（補白）
2. 李寧傳略……幼雄。
3. 諸名家的李寧觀……愈之。
4. 著作家的李寧……化魯。
5. 李寧在巴黎時（巴黎通信）……李劼人。

如果因李寧本人有問題，必須刪除。那麼，這期中還有其他與李寧相關的文章，如化魯的〈李寧和威爾遜〉、化魯〈李寧及其後〉、化魯和幼雄〈李寧軼事〉等，為何不刪除？如果是這幾位作者有問題，那在本期還有其他數篇與這幾位作者有關的文章，為何不一併刪除？臺灣商務印書館刪除這幾篇的原因，似乎很難索解。

二十一卷第六號（1924 年 3 月 25 日）

　　本期刪去與李寧有關的文章一篇，篇名是：
1. 李寧與社會主義……瞿秋白。

　　如將本篇和上期刪除的五篇一起考察，似乎因為李寧而被刪除？但《東方雜誌》中還有其他與李寧相關的文章，為何不刪？

　　另外，根據重印本《東方雜誌》四十二卷第十八號，頁六十，有段話說：

> 卅五年八、九月間適當編審部復員東下，因交通擁擠，抵滬時將及歲抄，故在渝所編止於第四十二卷第十八號，返滬後所編則始於四十三卷第一期。

根據這段話,《東方雜誌》在重慶時,僅出至四十二卷第十八號,回上海後,則從四十三卷第一號出起。可是,《東方雜誌總目》卻有四十二卷第十九、二十期的目次,這也是待查證的問題。茲將這兩期的目次抄錄如下:

四十二卷第十九號(1946 年 10 月 1 日)
法國新憲法之特徵……………………………陳澤湉
歷史、哲學、邏輯與政治思想的研究………吳恩裕
當前的利率問題………………………………王璧岑
姻親範圍的商討………………………………王英偉
中學生的心理傾向(升學、擇業、人物喜惡)……李之樸
教育之目的(能恩爵士原著)………………李純瑛
楊朱為我說發微………………………………王范之
釋氏……………………………………………羅香林
王陽明臨終遺語(此心光明,亦復何言)…王崇武
浪白滘與澳門…………………………………岑仲勉
樹、石頭、雲(Carson Mccullers 作)………石　地

四十二卷第二十號(1946 年 10 月 15 日)
特里雅斯特問題………………………………吳澤炎
原子彈與國際政治……………………………潘楚基
向奴役之路——海葉克教授對計劃經濟的新評價……石濤譯
論修志三要及其他……………………………羅元鯤
中國目錄學部類之趨勢………………………鍾肇鵬
山地之雪………………………………………沈玉昌譯
西周初期與印度之交通………………………岑仲勉

車里小記……………………………………蔡文星
文學的風格與人格………………………………傅庚生
「聊齋誌異」來源及其影響……………………雲　谷

有這兩期的目次，且明註出版日期，可見第四十二卷應有十九號、二十號，為何重印本說只出到十八號，這有待研究近代出版史的人來解答。

四、結語

《東方雜誌》創刊於清光緒三十年（1904），是清季以來發行較廣，且持續最久的期刊。在抗戰勝利之前，曾四度停刊，時間或長或短，都能迅速復刊，足見商務印書館能充分了解《東方雜誌》所擔負的學術文化和社會責任。

一九四八年十二月後，至一九六七年六月，停刊達十八年有半，是為第五度停刊。雖然停刊這麼久，但一九六七年七月商務印書館仍舊在極困難的情況下將《東方雜誌》復刊，這種鍥而不捨的精神，實令人感動。

由於《東方雜誌》發行時間超過半世紀以上，臺灣和海外各圖書館大多未能整套收藏。臺灣商務印書館花費巨資重印全部舊刊，造福學界，值得稱許。但是屈服於臺灣戒嚴文化，將重印本竄改成此一模樣，也著實令人驚訝！此一重印本，學者引用時請務必小心，最好將重印本蒐集來的資料，與原刊本核對一遍，確定有無竄改，才能安心引用。

商務印書館為逃避警備總部的檢查，作了那麼多的竄改，為當代學術研究增添不少麻煩，唯一獲利的是文獻學家，增加了寫論文的題材。中國歷史上有許多竄改書籍的例子，有人竄改，就有人加以考辨。歷史一直在重演，《東方雜誌》重印本就是一佐證。

戒嚴時期《國魂》月刊所刊登的禁書[*]

一、前言

　　二十多年前，我還在東吳大學中國文學系任教，有一天，到圖書館書庫查書，書架上有《國魂》月刊合訂本，翻到某一期有署名「德之」所寫的〈漢儒〉一文，讀了幾段，總覺得以前曾在哪裡見過？過後幾天，忽然想到數月前曾查閱馮友蘭的《貞元六書》，趕緊找出該書，《新原道》中果然有〈漢儒〉一文，我把馮書中的〈漢儒〉拿到圖書館和《國魂》所刊的〈漢儒〉相比對，內容完全一樣。馮友蘭的書，不是禁書嗎？怎麼可以刊登？而且，刊登的還是國防部所創辦的雜誌，我內心受到不少衝擊。心想，會不會像臺灣商務印書館竄改《東方雜誌》重印本一樣，把作者的名字任意更改，換個假名，就影印出版了？

　　後來，忙著編《經學研究論著目錄》，編輯工作尚未結束，又負責主持《國文天地》，兩年半過後，又轉到中央研究院中國文哲研究所籌備處工作，研究工作越來越繁重，已無絲毫時間可以徹底核對《國魂》，看看它到底刊登了多少禁書？二〇〇五年二月，為了幫昌瑞卿師祝壽，我把《東方雜誌》重印本竄改作者的情形，整理成〈臺灣商務印書館竄改《東方雜誌》重印本〉一

---

[*] 原載於《書目季刊》，第 42 卷第 1 期（2008 年 6 月），頁 41-52。與黃智明合著。黃智明，東吳大學中國文學系兼任講師。

文，也想到應該去東吳大學圖書館徹底把《國魂》月刊核對一遍，好了卻一番心事。二〇〇五年九月起，我在東吳大學中國文學系碩博士班講授「經學文獻學」，十一月和智明學弟利用課後將東吳大學圖書館所藏的《國魂》查閱了一大半，發現刊登的禁書甚多。二〇〇六年五月又去核對了一遍。以下是兩次核對後的結果。

二、刊登馮友蘭《新原道》

《國魂》月刊是新中國出版社所出版，一九五〇年十月創刊，發行半個世紀，二〇〇〇年十一月停刊。新中國出版社是國防部所屬的單位，它們竟敢在所辦的雜誌中刊登禁書，為匪宣傳。這本雜誌何時開始刊登禁書？這問題要詳細核對《國魂》月刊後才能回答。但至少從二百五十八期起開始在「學術論著」一欄，即將馮友蘭的《新原道》更改篇名和作者名，連續刊登十二期，至二百六十九期結束。詳見表二。

表二　《國魂》刊登馮友蘭《新原道》一覽表

期數／日期	刊登之內容
258期 1967年5月	學術論著　論中國哲學底精神——「內聖外王」……豫之 （即馮友蘭《新原道〔一名《中國哲學之精神》〕·緒論》）
259期 1967年6月	學術論著　孔孟學術思想底根本了解……豫之 （即馮友蘭《新原道》第一章〈孔孟〉）
260期 1967年7月	學術論著　論名家學說的思想……崇道 （即馮友蘭《新原道》第三章〈名家〉）

期數／日期	刊登之內容
261 期 1967 年 8 月	學術論著　老莊的學說思想……一清 （即馮友蘭《新原道》第四章〈老莊〉）
262 期 1967 年 9 月	學術論著　論楊墨……天行 （即馮友蘭《新原道》第二章〈楊墨〉）
263 期 1967 年 10 月	學術論著　易庸（上）……一清 （即馮友蘭《新原道》第五章〈易庸〉）
264 期 1967 年 11 月	學術論著　易庸（下）……一清 （即馮友蘭《新原道》第五章〈易庸〉）
265 期 1967 年 12 月	學術論著　漢儒……德之 （即馮友蘭《新原道》第六章〈漢儒〉）
266 期 1968 年 1 月	學術論著　玄學……豫文 （即馮友蘭《新原道》第七章〈玄學〉）
267 期 1968 年 2 月	學術論著　禪宗……悟生 （即馮友蘭《新原道》第八章〈禪宗〉）
268 期 1968 年 3 月	學術論著　道學……貫之 （即馮友蘭《新原道》第九章〈道學〉）
269 期 1968 年 4 月	學術論著　中國後期哲學的精神……喬叟 （即馮友蘭《新原道》第十章〈新統〉）

三、刊登宗白華《歌德研究》和陳介白《修辭學講話》

自二百八十期起，編者雙管齊下，在「學術論著」、「文藝論評」兩個欄位，開始將宗白華的《歌德研究》和陳介白的《修辭學講話》竄改篇名，以「白華」、「介白」之名，逐期刊登。至三百三十八期結束。詳見表三。

表三
《國魂》刊登宗白華《歌德研究》和陳介白《修辭學講話》一覽表

期數／日期	刊登之內容
280 期 1969 年 3 月	學術論著　歌德在近代文化史上的意義……白華 （即宗白華《歌德研究・歌德的人生啟示》） 學術論著　論修辭學的實質與效用……介白 （將陳介白《修辭學講話》第一編第一章〈修辭學的定義〉與第二章〈修辭學的效用〉合併而成）
281 期 1969 年 4 月	學術論著　歌德的人生觀與宇宙觀……白華 （即宗白華《歌德研究・歌德的人生觀與宇宙觀》）
283 期 1969 年 6 月	學術論著　歌德對於哲學的見解……白華 （即宗白華《歌德研究・歌德對於哲學的見解》） 文藝論評　修辭學的變遷……介白 （即陳介白《修辭學講話》第一編第二章〈修辭學的變遷〉）
284 期 1969 年 7 月	學術論著　自然科學者歌德……白華 （即宗白華《歌德研究・自然科學者歌德》）
285 期 1969 年 8 月	學術論著　歌德論……白華 （即宗白華《歌德研究・歌德論》）
286 期 1969 年 9 月	學術論著　歌德的人格與個性……白華 （將宗白華《歌德研究》〈歌德處國難時之態度〉和〈論歌德〉二篇合併而成） 文藝論評　論辭……介白 （即陳介白《修辭學講話》第一編第四章〈辭的成立要論〉）
287 期 1969 年 10 月	學術論著　歌德詩中所表現的思想……白華 （即宗白華《歌德研究・歌德詩中所表現的思想》） 文藝論評　論辭……介白 （即陳介白《修辭學講話》第一編第四章〈辭的成立要論〉）
288 期 1969 年 11 月	文藝論評　論辭……介白 （即陳介白《修辭學講話》第一編第四章〈辭的成立要論〉）

期數／日期	刊登之內容
289 期 1969 年 12 月	文藝論評　如何研究辭的美……介白 （即陳介白《修辭學講話》第一編第五章〈如何研究辭的美〉）
290 期 1970 年 1 月	文藝論評　修辭的目的觀……介白 （即陳介白《修辭學講話》第一編第六章〈修辭的目的觀〉）
292 期 1970 年 3 月	文藝論評　文情與修辭現象……介白 （即陳介白《修辭學講話》第一編第七章〈文情與修辭現象〉） 學術論著　歌德的浮士德……白華 （即宗白華《歌德研究・歌德的浮士德》）
293 期 1970 年 4 月	文藝論評　修辭的內容及組織……介白 （即陳介白《修辭學講話》第一編第八章〈修辭的內容及組織〉）
294 期 1970 年 5 月	文藝論評　消極的語彩……介白 （即陳介白《修辭學講話》第二編第二章〈消極的語彩〉） 文藝論評　歌德的浮士德……白華 （即宗白華《歌德研究・歌德的浮士德》）
295 期 1970 年 6 月	文藝論評　歌德的浮士德……白華 （即宗白華《歌德研究・歌德的浮士德》） 文藝論評　積極的語彩……介白 （即陳介白《修辭學講話》第二編第三章〈積極的語彩〉）
296 期 1970 年 7 月	文藝論評　歌德的浮士德……白華 （即宗白華《歌德研究・歌德的浮士德》）
297 期 1970 年 8 月	文藝論評　想彩……介白 （將陳介白《修辭學講話》第二編第四章〈想彩的意義及分類〉與第五章〈消極的想彩〉、第六章〈積極的想彩〉三章合併而成）
298 期 1970 年 9 月	文藝論評　譬喻法諸辭格……介白 （即陳介白《修辭學講話》第二編第七章〈譬喻法諸辭格〉） 文藝論評　浮士德的時代背景及其內含……白華 （即宗白華《歌德研究・浮士德的時代背景及其內含》）

期數／日期	刊登之內容
299 期 1970 年 10 月	文藝論評　譬喻法諸辭格……介白 （即陳介白《修辭學講話》第二編第七章〈譬喻法諸辭格〉）
300 期 1970 年 11 月	文藝論評　化成法諸辭格……介白 （即陳介白《修辭學講話》第二編第八章〈化成法諸辭格〉） 文藝論評　歌德的追求……白華 （即宗白華《歌德研究・歌德何以偉大》）
301 期 1970 年 12 月	進修講座　表出法諸辭格……介白 （即陳介白《修辭學講話》第二編第九章〈表出法諸辭格〉）
304 期 1971 年 3 月	進修講座　表出法諸辭格……介白 （即陳介白《修辭學講話》第二編第九章〈表出法諸辭格〉）
306 期 1971 年 5 月	文藝論評　布置法諸辭格……介白 （即陳介白《修辭學講話》第二編第十章〈布置法諸辭格〉） 文藝論評　歌德與德國文學……白華 （即宗白華《歌德研究・歌德與德國文學》）
307 期 1971 年 6 月	文藝論評　文體的意義及分類……介白 （即陳介白《修辭學講話》第三編第一章〈文體的意義及分類〉）
309 期 1971 年 8 月	文藝論評　歌德與英國文學……白華 （即宗白華《歌德研究・歌德與英國文學》） 文藝論評　由作者風格表現的文體……介白 （即陳介白《修辭學講話》第三編第二章第一節〈由作者風格表現的文體〉）
326 期 1973 年 1 月	文藝論評　由作者興會表現的文體……介白 （即陳介白《修辭學講話》第三編第二章第二節〈由作者興會表現的文體〉）
331 期 1973 年 6 月	學術論著　歌德與中國文化……禮賢 （即宗白華《歌德研究・歌德與中國文化》）

期數／日期	刊登之內容
332 期 1973 年 7 月	學術論著　歌德與法國……白華 （即宗白華《歌德研究・歌德與法國》）
333 期 1973 年 8 月	文藝論評　歌德與中國小說……白華 （即宗白華《歌德研究・歌德與中國小說》）
334 期 1973 年 9 月	學術論著　孔子與歌德……白華 （即宗白華《歌德研究・孔子與歌德》）
336 期 1973 年 11 月	文藝論評　歌德與中國……白華 （即宗白華《歌德研究・歌德與中國》）
337 期 1973 年 12 月	文藝論評　歌德與德國文學……白華 （即宗白華《歌德研究・歌德與德國文學》）
338 期 1974 年 1 月	文藝論評　歌德的少年維特之煩惱……尚善 （即宗白華《歌德研究・歌德的少年維特之煩惱》）

四、刊登傅庚生《中國文學欣賞舉隅》和朱光潛《談美》

　　自三百四十期起，也是雙管齊下，在「文藝論評」一欄，將傅庚生的《中國文學欣賞舉隅》和朱光潛的《談美》，以「庚生」、「孟實」之名，逐期連載，至三百七十期結束。詳見表四。

表四
《國魂》刊登傅庚生《中國文學欣賞舉隅》和朱光潛《談美》一覽表

期數／日期	刊登之內容
340 期 1974 年 3 月	文藝論評　精研與達詁……庚生 （即傅庚生《中國文學欣賞舉隅・精研與達詁》）

期數／日期	刊登之內容
341 期 1974 年 4 月	文藝論評　實用的科學的美感的……孟實 （即朱光潛《談美・我們對於一棵古松的三種態度——實用的、科學的、美感的》）
343 期 1974 年 6 月	文藝論評　真情與興會……庚生 （即傅庚生《中國文學欣賞舉隅・真情與興會》） 文藝論評　藝術和實際人生的距離……孟實 （即朱光潛《談美・當局者迷，旁觀者清——藝術和實際人生的距離》）
345 期 1974 年 8 月	文藝論評　深情與至誠……庚生 （即傅庚生《中國文學欣賞舉隅・深情與至誠》） 文藝論評　宇宙的人情化……孟實 （即朱光潛《談美・子非魚，安知魚之樂——宇宙的人情化》）
346 期 1974 年 9 月	文藝論評　美感與快感……孟實 （即朱光潛《談美・希臘女神的雕像和血色鮮麗的英國姑娘——美感與快感》） 文藝論評　悲喜與同情……庚生 （即傅庚生《中國文學欣賞舉隅・悲喜與同情》）
347 期 1974 年 10 月	文藝論評　美感與聯想……孟實 （即朱光潛《談美・記得綠羅裙，處處憐芳草——美感與聯想》） 文藝論評　痴情與徹悟……庚生 （即傅庚生《中國文學欣賞舉隅・痴情與徹悟》）
350 期 1975 年 1 月	文藝論評　情景與主從……庚生 （即傅庚生《中國文學欣賞舉隅・情景與主從》） 文藝論評　考證批評與欣賞……孟實 （即朱光潛《談美・靈魂在傑作中的冒險——考證、批評與欣賞》）

期數／日期	刊登之內容
351 期 1975 年 2 月	文藝論評　聯想與比擬……庚生 （即傅庚生《中國文學欣賞舉隅‧聯想與比擬》） 文藝論評　美與自然……孟實 （即朱光潛《談美‧情人眼底出西施——美與自然》）
352 期 1975 年 3 月	文藝論評　脈注與綺交……庚生 （即傅庚生《中國文學欣賞舉隅‧脈注與綺交》） 文藝論評　寫實主義和理想主義的錯誤……孟實 （即朱光潛《談美‧依樣畫葫蘆——寫實主義和理想主義的錯誤》）
356 期 1975 年 7 月	文藝論評　藝術與遊戲……孟實 （即朱光潛《談美‧大人者，不失其赤子之心——藝術與遊戲》）
357 期 1975 年 8 月	文藝論評　創造的想像……孟實 （即朱光潛《談美‧空中樓閣——創造的想像》） 文藝論評　縱收與曲折……庚生 （即傅庚生《中國文學欣賞舉隅‧縱收與曲折》）
358 期 1975 年 9 月	文藝論評　創造與情感……孟實 （即朱光潛《談美‧超以象外，得其環中——創造與情感》） 文藝論評　穿插與烘托……庚生 （即傅庚生《中國文學欣賞舉隅‧穿插與烘托》）
359 期 1975 年 10 月	文藝論評　警策與夸飾……庚生 （即傅庚生《中國文學欣賞舉隅‧警策與夸飾》）
360 期 1975 年 11 月	文藝論評　辭意與隱秀……庚生 （即傅庚生《中國文學欣賞舉隅‧辭意與隱秀》）
361 期 1975 年 12 月	文藝論評　仙品與鬼才……庚生 （即傅庚生《中國文學欣賞舉隅‧仙品與鬼才》）

期數／日期	刊登之內容
362 期 1976 年 1 月	文藝論評　無言之美……孟實 （即朱光潛《給青年的十二封信》附錄〈無言之美〉） 文藝論評　勢度與韻味……庚生 （即傅庚生《中國文學欣賞舉隅・勢度與韻味》）
363 期 1976 年 2 月	文藝論評　創造與格律……孟實 （即朱光潛《談美・從心所欲，不逾矩——創造與格律》） 文藝論評　淵雅與峻切……庚生 （即傅庚生《中國文學欣賞舉隅・淵雅與峻切》）
364 期 1976 年 3 月	文藝論評　自然與藻飾……庚生 （即傅庚生《中國文學欣賞舉隅・自然與藻飾》）
365 期 1976 年 4 月	文藝論評　真色與丹青……庚生 （即傅庚生《中國文學欣賞舉隅・真色與丹青》）
366 期 1976 年 5 月	文藝論評　雅鄭與淳漓……庚生 （即傅庚生《中國文學欣賞舉隅・雅鄭與淳漓》）
367 期 1976 年 6 月	文藝論評　善美與高格……庚生 （即傅庚生《中國文學欣賞舉隅・善美與高格》）
368 期 1976 年 7 月	文藝論評　中國文學欣賞……庚生 （即傅庚生《中國文學欣賞舉隅》〈剪裁與含蓄〉、〈巧拙與剛柔〉、〈摹擬與熔成〉）
369 期 1976 年 8 月	文藝論評　重言與音韻……庚生 （即傅庚生《中國文學欣賞舉隅・重言與音韻》）
370 期 1976 年 9 月	文藝論評　中國文學欣賞……庚生 （即傅庚生《中國文學欣賞舉隅》〈練字與度句〉、〈對偶與用事〉、〈詩忌與讖語〉）

五、結語

　　戒嚴時期發號司令查禁圖書的單位是警備總部，警總是國防部的下屬單位。《國魂》月刊是國防部的下屬單位新中國出版社所出版。同屬國防部，一個單位在查禁匪偽圖書，另一個單位則很努力的刊登這些禁書。天下之大，可謂無奇不有。警總知不知道《國魂》月刊在為匪宣傳，有沒有去查禁它？

　　當時，《國魂》月刊為何要刊登這些禁書？編者並沒有暗示或透露訊息，我們大抵可猜知一二。《國魂》是月刊，每期刊登文章二十篇，一年需二百四十篇，以當時臺灣學術界來說，哪來那麼多學者為這本雜誌寫稿？在稿源不足的情況下，把這些經典之作改頭換面，分期刊出，既可充實稿源，編者因為邀到好文章，也得到讚美，可說一舉兩得。會不會抵觸法令，也顧不得那麼多了。另外，《國魂》月刊的編者，也知道禁書政策太荒謬，文史哲科系的學生幾乎無書可讀，出於同情之心，冒丟官的危險，為青年學生供應精神食糧。

　　《國魂》月刊刊登禁書的這段歷史，以前並沒有人提出來，現在，我們羅列事實，把它當作學術問題來討論，也反映了當時在禁書政策下的種種奇特現象。《國魂》月刊雖仍屬於州官階層，但應是好州官，我們仍應感謝它。

呂思勉先生著作在臺灣的翻印及流傳

一、前言

呂思勉和高亨、張舜徽三位先生的著作，在臺灣可說是被翻印得最多的前三名。高亨先生研究《周易》、《詩經》，本人的專長和他比較接近，對於他的著作被翻印的情況，早在戒嚴時期已有所關心，最近也完成〈高亨先生的著作在臺灣的翻印及流傳〉一文。張舜徽先生的專長在文獻學和清代學術史，本人的專長也跟他有相重疊的地方，且張先生在世時，我跟他也有書信往來，我跟他提到先生的著作在臺灣有不少翻印本，他希望我把翻印本都買一份給他作紀念，後來我寄了一大箱給他。去年我到武漢參加「張舜徽先生百年誕辰學術研討會」，也發表了〈張舜徽先生著作在臺灣的翻印及流傳〉一文。那麼這三位大家中輩分最高的呂思勉先生似乎應該有更多人來了解他。呂思勉先生研究經學和史學，他的《經子解題》是早年的著作，頗受晚清公羊學的影響。史學著作以《中國通史》、《先秦史》、《秦漢史》、《兩晉南北朝史》、《隋唐五代史》最受歡迎，我想要了解他，從他的書在臺灣被翻印的情況，也可以得知一二，於是我寫了這篇文章。

二、經學著作

（一）經子解題

上海市　商務印書館　1929 年 10 月

本書分經、子兩部分，經的部分，首先為論讀經之法，接著為詩、書（附論逸周書）、儀禮、禮記、大戴禮記、周禮、易、春秋、論語、孟子、孝經、爾雅。

本書在臺灣有多種翻印本，茲按出版時間先後羅列如下：

1. 經子解題

臺北市　臺灣商務印書館　1957 年 10 月　正文前自序 1 頁　目錄 2 頁　合計 3 頁　正文 197 頁

1957 年 10 月印行臺 1 版，列入《國學小叢書》。書名頁和版權頁的作者均作「本館編審部」。1965 年 2 月又印行臺 1 版，收入《萬有文庫薈要》第 49 冊，作者改題「呂思勉」。1968 年 12 月又印行臺 1 版，收入《人人文庫》第 868 號、第 869 號，作者題「呂思勉」。此《人人文庫》本，於 1976 年 11 月印行臺 3 版，1986 年 10 月出版臺 4 版。

2. 經子研讀指引　甘志清著

臺北市　華聯出版社　1968 年 7 月　正文 197 頁

華聯將作者和書名都竄改。「甘志清」是個假名。

3. 經子解題　呂思勉撰

臺北市　河洛圖書出版社　1978 年 3 月　正文 197 頁

4. 經子解題　呂思勉撰

　　高雄市　復文圖書公司　1983 年 10 月　正文前 4 頁

　　正文 197 頁

　　書名頁和版權頁的作者誤作「李思勉」。

5. 經子解題　呂思勉撰

　　臺中市　文听閣圖書公司　2008 年 7 月　正文前自序 1 頁

　　目錄 2 頁　合計 3 頁　正文 197 頁

　　收入《民國時期經學叢書》第 1 輯第 1 冊。

（二）章句論

　　上海市　商務印書館　1926 年（國學小叢書）

　有 1977 年 3 月臺北市臺灣商務印書館翻印本，收入《人人文庫》2300 號。正文前有〈章句論序〉2 頁，正文 53 頁。

三、哲學著作

（一）理學綱要　呂思勉撰

　　上海市　商務印書館　1931 年 3 月　220 頁

　本書原為呂先生在上海滬江大學講授「中國哲學史」時所編之講義。全書分：緒論、理學之原、理學源流派別、濂溪之學、康節之學、橫渠之學、明道伊川之學、晦庵之學、象山之學、浙學、宋儒術數之學、陽明之學、王門弟子、有明諸儒、總論。

　有 1977 年臺北市華世出版社翻印本。正文前 4 頁，正文 220 頁。

四、史學著作

（一）歷史研究法　呂思勉著
上海市　永祥印書館　1946年（收入《青年知識文庫》第1輯）

本書分十章：（1）歷史的定義；（2）為什麼要研究歷史；（3）歷史的歷史；（4）史學進化的幾個階段；（5）舊時歷史的弊病何在；（6）現代史學家的宗旨；（7）作史的方法；（8）研究歷史的方法；（9）中國的歷史；（10）怎樣讀中國的歷史。

有1995年3月臺北市五南圖書出版公司翻印本，正文前目次1頁，正文152頁。封面和書背改名為《歷史研究方法》。

（二）中國通史　呂思勉著
上海市　開明書店　上冊1940年　下冊1944年

本書分上下兩冊，上冊等於中國文化史。全書分婚姻、族制、政體、階級、財產、官制、選舉、賦稅、兵制、刑法、實業、貨幣、衣食、住行、教育、語文、學術、宗教等十八章。下冊即一般所謂的中國通史，按時代先後順序敘述中國歷代政治的興衰。由於本書兼有文化史跟政治史的功能，在當時算是很特殊的體例，所以相當受讀者的歡迎。

有臺北市臺灣開明書店翻印本，1954年發行臺1版。

（三）白話本國史　呂思勉著
上海市　商務印書館　1923年發行第1版　1933年和1935年各有修訂版

本書是作者歷年在大學裡教授「中國通史」的講義。他自認為跟以前出版的書有下列幾點不同：

1. 頗有用新方法整理舊國故的精神。其中上古史一篇，似乎以前出版的書，都沒有用這種研究法的。此外特別的考據，特別的議論，也還有數十百條。即如中國的各種民族（特如南族近人所通稱為高地族的），似乎自此以前，也沒有像我這麼分析得清楚的。

2. 讀書自然不重在呆記事實，而重在得一種方法。我這部書，除掉出於愚見的考據議論外，所引他人的考據議論，也都足以開示門徑；可稱是研究史學的人必要的一種常識。

3. 這一部書，卷帙雖然不多；然關於參考的書，我都切實指出（且多指明篇名卷第）；若能一一翻檢，則這部書雖不過六十多萬言，而讀者已不啻得到二、三百萬言的參考書。且不啻替要想讀書的人，親切指示門徑。

4. 現在讀史，自然和從前眼光不同；總得在社會進化方面著想。但是隨意摘取幾條事實（甚且是在不可據的書上摘的），毫無條理系統，再加上些憑虛臆度之詞；硬說是社會進化的現象。卻實在不敢贊成。我這部書，似乎也沒這種毛病。

有 1973 年臺北市蘭亭書齋翻印本，2 冊。正文前有〈白話本國史紀念版前言〉2 頁，〈序例〉4 頁，目次 11 頁。正文 1002 頁。

（四）古史辨　第七冊　呂思勉、童書業編
上海市　開明書店　1941 年 6 月　3 冊

本書正文前有宋李玫〈一個懷疑神話的神話〉2 頁，柳存仁〈紀念錢玄同先生〉3 頁，楊寬的〈楊序〉14 頁，呂思勉的〈自序一〉2 頁，童書業的〈自序二〉7 頁，目錄 8 頁，合計 36 頁。正文上編 421 頁，中編 415 頁，下編 381 頁。

臺灣的翻印本如下：

1. 古史辨　第七冊　呂思勉、童書業編著
   臺北市　明倫出版社　1970 年 3 月
   本書依照開明書店本影印，未曾刪改。
2. 古史辨　第七冊　不題作者
   臺北市　藍燈文化事業公司　1987 年 11 月
   本書將封面和書背之編著者刪去，其他部分沒有刪改。
3. 古史辨　第七冊
   臺北市　萬年青書廊　出版年不詳
   本書封面作者題「呂思勉編著」，書背作者卻題「童書勉編著」，缺書名頁和版權頁。

（五）先秦史　呂思勉著
上海市　開明書店　1941 年 12 月　511 頁（齊魯大學國學研究所專著）

本書分：總論、古史材料、民族原始、古史年代、開闢傳說、三皇事蹟、五帝事蹟、夏殷西周事蹟、春秋戰國事蹟、民族疆域、社會組織、農工商業、衣食住行、政治制度、宗教學術等十五章。

本書在臺灣有兩種翻印本：

1. 先秦史　不題作者

    臺北市　臺灣開明書店　1961 年 3 月

    1961 年 3 月印行臺 1 版，封面和書名頁都不題作者，版權頁有「著作者　臺灣開明書店」。正文前有目次 5 頁。正文 472 頁。1977 年 6 月發行臺 6 版。

2. 先秦史　不題作者

    臺北市　臺灣商務印書館　1974 年

（六）秦漢史　呂思勉著

上海市　開明書店　1947 年 3 月　2 冊

本書分：秦代事蹟、秦漢之際、漢初事蹟、漢中葉事蹟、漢末事蹟、新室始末、後漢之興、後漢盛世、後漢衰亂、後漢亂亡、三國始末、秦漢時社會組織、秦漢時社會等級、秦漢時人民生計情形、秦漢時實業、秦漢時人民生活、秦漢政治制度、秦漢學術、秦漢宗教等十九章。

本書在臺灣有兩種翻印本：

1. 秦漢史　臺灣開明書店編譯　夏德儀校訂

    臺北市　臺灣開明書店　1969 年 1 月

    1969 年 1 月印行臺 1 版，1973 年 10 月印行臺 3 版。封面和書

名頁都不題作者。版權頁有「編著者　本店編譯部；校訂者　夏德儀」。
2. 秦漢史　不題作者
   臺北市　臺灣商務印書館　1983 年

（七）三國史話　呂思勉著
上海市　開明書店　1943 年

本書有 1954 年臺北市臺灣開明書店翻印本。正文前目次 1 頁、正文 118 頁。1954 年 5 月印行臺 1 版，1960 年 10 月印行臺 2 版，1974 年 3 月印行臺 4 版，1984 年 4 月印行臺 6 版。

（八）兩晉南北朝史
上海市　開明書店　1948 年 10 月

本書分總論、晉初情勢、西晉亂亡、東晉初年形勢、東晉中葉形勢上、東晉中葉形勢下、東晉末葉形勢、宋初南北情形、宋齊興亡、齊梁興亡、元魏盛衰、元魏亂亡、梁陳興亡、周齊興亡、晉南北朝四裔情形、晉南北朝社會組織、晉南北朝社會等級、晉南北朝人民生計、晉南北朝實業、晉南北朝人民生活、晉南北朝政治制度、晉南北朝學術、晉南北朝宗教。

臺北市臺灣開明書店有翻印本，分上、中、下三冊，1969 年 1 月發行臺 1 版。封面和書名頁皆不題作者，版權頁有「編著者　本店編譯部；校訂者　夏德儀」。正文前有目次 12 頁，正文 1533 頁。1977 年 6 月發行臺 6 版。

（九）新唐書　呂思勉選注
上海市　商務印書館　1928年（學生國學叢書）

本書選志和列傳兩部分，志的部分有兵志、食貨志，列傳部分，有后妃列傳、魏徵列傳、郭子儀列傳等17篇。

本書有1971年9月臺北市臺灣商務印書館翻印本。正文前目次2頁，序16頁，合計18頁。正文356頁。收入《人人文庫》特162號。

（十）隋唐五代史　呂思勉著
上海市　中華書局　1959年

本書分上、下冊，上冊為一至十四章，分別為：隋室的興亡、唐之初盛、武韋之亂、開元天寶治亂、安史亂後形勢、德宗事蹟、順憲穆敬四朝事蹟、文武宣三朝事蹟、唐室衰亡上、唐室衰亡下、五代十國始末上、五代十國始末中、五代十國始末下、唐中葉後四裔情形。下冊為十五至二十二章，分別為：隋唐五代社會組織、隋唐五代社會等級、隋唐五代人民生計、隋唐五代時實業、隋唐五代人民生活、隋唐五代政治制度、隋唐五代學術、隋唐五代宗教。

本書有1977年12月臺北市九思出版公司翻印本。上冊正文前目錄8頁，正文736頁，下冊正文前目錄5頁，正文由737頁至1412頁。

（十一）史通評　呂思勉著
上海市　商務印書館　1934 年 9 月

本書將《史通》〈內篇〉36 篇，〈外篇〉13 篇，逐篇作評論，如〈內篇〉〈人物第三十〉，呂思勉先生評論說：

> 此篇亦論史文去取者，除古書去今已遠，去取之意不可知，不容妄論外，自餘所論，多中肯綮，論史例者，所宜熟復也。

又說：

> 史之責，祇在記往事以詒後人，懲惡勸善，實非所重。即謂懲勸有關史職，而為法為戒，輕重亦均。本篇之論，意似側重於勸善，亦一蔽也。

臺北市臺灣商務印書館於 1967 年 9 月印行臺 1 版，1971 年 2 月印行臺 2 版。收入《人人文庫》451 號。正文前目次 5 頁，正文 129 頁。

（十二）史通釋評　〔唐〕劉知幾著〔清〕浦起龍釋〔民國〕呂思勉評

本書是呂思勉先生根據清朝浦起龍《史通通釋》所作的評論。《史通評》中的評語，皆已收錄在本書中。

本書有 1981 年 11 月臺北市華世出版社翻印本。正文前有〈史通釋評總目〉、〈史通釋評出版說明〉、〈史通釋評目錄〉6 頁，劉虎如〈史通導讀〉等 32 頁。正文 855 頁。

（十三）燕石札記一卷　呂思勉撰
上海市　商務印書館　1937 年

本書是呂思勉先生的讀史札記，計收 47 條。這些條目皆已收入後來出版的《呂思勉讀史札記》一書中。

本書有 1963 年 4 月臺北市世界書局翻印本。收入《中國學術名著》第 6 輯，《讀書箚記叢刊》第 2 輯第 38 冊。正文前 2 頁、正文 174 頁。

（十四）燕石續札　呂思勉
上海市　人民出版社　1958 年

本書是呂思勉先生的讀史札記，計收 82 條。這些條目皆已收入後來出版的《呂思勉讀史札記》一書中。

本書有 1975 年 6 月臺北市華世出版社翻印本。正文前有目錄 6 頁，正文 183 頁。

（十五）呂思勉讀史札記
上海市　上海古籍出版社　1982 年　上冊 777 頁　下冊 781-1308 頁

本書是呂先生一生讀二十四史所作的札記，以前未發表的，和已發表過的，包括《燕石札記》、《燕石續札》的條目，都已收入本書中。

本書有 1983 年 9 月臺北市木鐸出版社翻印本。正文前有署

名木鐸編輯室所寫的〈出版說明〉4頁，目錄19頁，合計23頁。正文1308頁。書名改為《讀史札記》。

五、文字學著作

（一）中國文字變遷考
上海市　商務印書館　1926年（國學小叢書）

本書有2009年10月臺中市文听閣圖書公司翻印本。收入《民國時期語言文字學叢書》第1編第46冊。正文74頁。

（二）字例略說
上海市　商務印書館　1927年（國學小叢書）

本書是一本文字學概論的書，全書分：六書非古說、六書之名及次第、象形、指事、會意、形聲、轉注、假借、引申、文字之孳乳、文字之淘汰、字型之變遷、中國文字之優劣等十三章。

臺灣先後有兩個翻印本：

1. 字例略說

   臺北市　臺灣商務印書館　1967年8月　正文前目錄2頁
   正文101頁
   1967年8月印行臺1版，收入《人人文庫》407號。1981年1月印行臺3版。

2. 字例略說

   臺中市　文听閣圖書公司　2009年10月　正文87頁
   收入《民國時期語言文字學叢書》第1編第46冊。

（三）說文解字文考
民國間石印本

本書有 2009 年 10 月臺中市文听閣圖書公司翻印本。收入《民國時期語言文字學叢書》第 1 編第 22 冊。正文 95 頁。

六、翻印的出版社和時間

本小節探討哪些出版社翻印呂思勉的著作，茲按出版社名稱的筆畫多寡排列，名稱之後註明翻印幾種書，並附加書名。

1. 九思出版社　翻印 1 種，即《隋唐五代史》。
2. 五南圖書公司　翻印 1 種，即《歷史研究法》，改名為《歷史研究方法》。
3. 文听閣圖書公司　翻印 4 種，即《經子解題》、《中國文字變遷考》、《字例略說》、《說文解字文考》。
4. 木鐸出版社　翻印 1 種，即《呂思勉讀史札記》，改名為《讀史札記》。
5. 世界書局　翻印 1 種，即《燕石札記》。
6. 明倫出版社　翻印 1 種，即《古史辨》第七冊。
7. 河洛圖書出版社　翻印 1 種，即《經子解題》。
8. 復文圖書出版公司　翻印 1 種，即《經子解題》。
9. 華世出版社　翻印 3 種，即《理學綱要》、《史通釋評》、《燕石續札》。
10. 華聯出版社　翻印 1 種，將《經子解題》書名改為《經子研讀指引》，作者改題「甘志清」。

11. 萬年青書廊　翻印 1 種，即《古史辨》第七冊。
12. 臺灣商務印書館　翻印 7 種，即《經子解題》、《章句論》、《先秦史》、《秦漢史》、《新唐書》（呂思勉選注）、《史通評》、《字例略說》。
13. 臺灣開明書店　翻印 5 種，即《中國通史》、《先秦史》、《秦漢史》、《三國史話》、《兩晉南北朝史》。
14. 藍燈文化事業公司　翻印 1 種，即《古史辨》第七冊。
15. 蘭亭書齋　翻印 1 種，即《白話本國史》。

計有十五家出版社翻印了呂思勉先生的著作，如果以書為單位，被翻印書的種數多達二十一種。其中，以《經子解題》一書有五種翻印本為最多。

　　至於那些出版社參加翻印，翻印最多的是哪個時段，可用年表來表示：

1954 年　　　臺灣開明書店翻印《中國通史》、《三國史話》。
1957 年 10 月　臺灣商務印書館翻印《經子解題》。
1961 年 3 月　臺灣開明書店翻印《先秦史》。
1963 年 4 月　世界書局翻印《燕石札記》，收入《中國學術名著》第 6 輯，《讀書箚記叢刊》第 2 輯第 38 冊。
1967 年 8 月　臺灣商務印書館翻印《字例略說》，收入《人人文庫》407 號。
1967 年 9 月　臺灣商務印書館翻印《史通評》，收入《人人文庫》451 號。

1968 年 7 月	華聯出版社翻印《經子解題》，書名改作《經子研讀指引》，作者改作「甘志清」。
1969 年 1 月	臺灣開明書店翻印《秦漢史》、《兩晉南北朝史》，作者改為「本店編譯部」。
1970 年 3 月	明倫出版社翻印《古史辨》第七冊。
1971 年 9 月	臺灣商務印書館翻印呂思勉選注《新唐書》，收入《人人文庫》特 162 號。
1973 年	蘭亭書齋翻印《白話本國史》。
1974 年	臺灣商務印書館翻印《先秦史》。
1975 年 6 月	華世出版社翻印《燕石續札》。
1977 年 3 月	臺灣商務印書館翻印《章句論》。
1977 年 12 月	九思出版社翻印《隋唐五代史》。
1977 年	華世出版社翻印《理學綱要》。
1978 年 3 月	河洛圖書出版社翻印《經子解題》。
1981 年 11 月	華世出版社翻印《史通釋評》。
1983 年 9 月	木鐸出版社翻印《呂思勉讀史札記》，改名為《讀史札記》。
1983 年 10 月	復文圖書公司翻印《經子解題》。
1983 年	臺灣商務印書館翻印《秦漢史》。
1987 年 11 月	藍燈文化事業公司翻印《古史辨》第七冊。
1995 年 3 月	五南圖書出版公司翻印《歷史研究法》，封面改名為《歷史研究方法》。
2008 年 7 月	文听閣圖書公司翻印《經子解題》，收入《民國時期經學叢書》第 1 輯第 1 冊。

2009 年 10 月　文听閣圖書公司翻印《說文解字文考》，收入《民國時期語言文字學叢書》第 1 編 22 冊。翻印《中國文字變遷考》、《字例略說》，收入《民國時期語言文字學叢書》第 1 編 46 冊。

七、結論

綜合以上的敘述，可歸納為以下數點結論：

其一，臺灣翻印呂思勉先生的著作多達二十一種，其中以《經子解題》被翻印的情況最嚴重，翻印者不顧學術道義，把《經子解題》的作者改題為「甘志清」，混淆學術視聽，此事非常不可取。

其二，呂先生被翻印的著作包括經學、史學、語言學等方面，可見他的著作到現在仍有很高的學術價值，翻印的出版社有十五家，其中以臺灣商務印書館翻印七種為最多。

其三，從翻印的時間來看，一九五四年臺灣開明書店即已翻印《中國通史》、《三國史話》，一九五七年翻印《經子解題》，比起一九六二年才開始翻印高亨先生的《墨經校詮》，一九七二年二月才開始翻印張舜徽先生的《中國古代史籍校讀法》，呂思勉先生的著作和二位先生相比，還是比較早受臺灣學者關注的。

高亨先生著作在臺灣的翻印及流傳

一、前言

　　記得三十年前，協助劉兆祐師編輯屈翼鵬師的文存時，有兩個發現都跟高亨先生有關，一是發現了高亨先生為翼鵬師的著作《先秦漢魏易例述評》所寫的〈敘〉，這篇〈敘〉發表在《經世季刊》第二卷第三期（1942 年 4 月）。原稿今存山東省圖書館。整理稿收入《高亨著作集林》（北京市：清華大學出版社，2004 年），第十卷中。後來，翼鵬師的書並沒有在大陸出版。一九五八年夏，《學術季刊》向翼鵬師邀稿，在該刊第六卷第四期（1958 年 6 月）刊出上卷後，該刊即停刊。次年夏，下卷刊於《幼獅學誌》第一卷第二期（1959 年 4 月）。一九六九年四月翼鵬師這本大作在臺灣學生書局出版時，書前僅有王獻唐先生的〈題辭〉和翼鵬師的〈自序〉，高亨先生的〈敘〉並沒有收進去，這是因為大陸山河變色，高先生已成了「附匪分子」，著作都被查禁，〈敘〉也就不好登出來了。

　　二是在收集整理《文存》資料時，發現有一疊宣紙，上面貼了許多當時文史界名人的來信，其中有高亨先生的來信三封，信紙是大紅色的，用毛筆寫工整的中楷，每封都有兩三頁，討論的都是《易經》的問題，是研究高亨易學相當有用的資料。由於是紅紙寫黑字，影印不出字來，所以沒有影印。這些信件，現暫由吳宏一教授保管。

高亨先生，既是經學家、文字學家，也是諸子學家。臺灣戒嚴時期，所有的大陸出版品一概查禁，但是禁書總是越禁越多，大陸作者大概有三百位的著作陸續被翻印，其中以呂思勉、高亨和張舜徽三大家的著作被翻印得最厲害。二〇一一年六月在武漢所召開的「張舜徽百年誕辰學術研討會」，我發表了〈張舜徽先生著作在臺灣的翻印及流傳〉一文，頗引起兩岸學者的關注。我想如果把另外兩家著作被翻印的情形也一起作研究，對深入了解臺灣戒嚴時期查禁大陸圖書的狀況，應有不少助益。現在先討論高亨先生。

二、經學著作

（一）周易古經今注

上海市　開明書店　1947 年 9 月　正文 230 頁

高亨先生於 1940 年寫成《周易古經今注》，由上海市開明書店出版。書分上下兩冊，上冊是「通說」，下冊是「注釋」。後來，由貴陽市文通書局承印，因日軍進犯，只印了「通說」一冊。1947 年上海市開明書店才把「注釋」出版。

所謂「古經」，是相對於「傳」來說的。經的部分，包含六十四卦的卦形符號和卦爻辭，這是西周初年的作品。傳的部分，傳是解釋經文的文字，是戰國至漢初最通行的一種解經方式。易傳又稱「十翼」，即十種輔助經文的文字。包含象傳上下、象傳上下、文言傳、繫辭傳上下、說卦傳、序卦傳、雜卦傳。易傳大

抵是戰國至漢初的作品。由於民國初年以來研究《易經》的主流是經傳分離，高亨先生受其影響，也採經傳分離的方式來著書，經的部分作《周易古經通說》、《周易古經今注》，傳的部分作《周易大傳今注》。

　　臺灣的各種翻印本大都根據開明書店本影印，前後計有七家，茲分別說明如下：

1. 周易古經今注　張世祿注

　　臺北市　華聯出版社　1969年5月　目次2頁　正文228頁

　　封面、書名頁和版權頁作者題「張世祿注」，但正文第1頁大題下仍有「雙陽高亨」四字，可見作偽技巧拙劣。華聯本是此書第一次在臺灣翻印。

2. 周易古經今注　高亨撰

　　臺北市　樂天出版社　1974年2月再版　目次2頁　正文230頁

　　用上海市開明書店版影印。

3. 周易古經今注　高亨撰

　　臺北市　成文出版社　1976年　正文240頁

　　收入《無求備齋易經集成》第109冊中。用上海市開明書店版影印。

4. 周易古經今注　高亨著

　　臺北市　里仁書局　1983年5月　目次2頁　正文230頁

　　用上海市開明書店版影印。

5. 周易古經今注　雙陽高亨著

　　臺北市　武陵出版社　1983年　目次2頁　正文230頁

　　用上海市開明書店版影印。

6. 周易古經今注　高亨著

　　臺北市　華正書局　2008年3月　正文259頁

7. 周易古經今注　高亨著

　　臺中市　文听閣圖書公司　2008年7月　正文前10頁　正文230頁

　　收入林慶彰主編《民國時期經學叢書》第2輯第15冊中。根據上海市開明書店版影印。

（二）周易古經通說

　　貴陽市　文通書局　1944年　石印本

　　高亨先生在周易古經部分，本著有《周易古經今注》一書，上冊是「通說」，下冊是「注釋」，抗戰末期1944年貴陽市文通書局僅印出上冊。1958年12月北京市中華書局排印本，1963年1月香港中華書局有翻印本。

　　本書是高先生早年研究《周易》的論文結集而成，收論文7篇：（1）周易瑣語；（2）周易卦名誤脫表；（3）周易卦名來歷表；（4）周易筮辭分類表；（5）元亨利貞解；（6）吉咎厲悔吝凶解；（7）周易筮法新考。可以作為《周易》的入門書。

　　本書有多種翻印本，茲分別說明如下：

1. 周易古經通說　高亨著

　　臺北市　樂天出版社　1972年6月　正文前有目次1頁　自序6頁　合計7頁　正文130頁

　　本書作者〈重訂自序〉第一、二兩段原作：

高亨先生著作在臺灣的翻印及流傳 | 129

> 我在一九四〇年寫成《周易古經今注》一書，書分上下兩冊，上冊是「通說」，下冊是「注釋」。最初由上海開明書店承印出版，因日本侵略軍強占上海，開明書店被迫停業。以後又由貴陽文通書局承印出版，又因日本侵略軍進犯桂黔，文通書局匆忙趕印（石印），以致版式既不一致，寫錄又非一手，校對更為荒疎，錯字、脫字、衍字、竄字觸目都是，只印了「通說」一冊就作罷了。日本投降後，開明書店復業，才把「注釋」一冊鉛印問世。
>
> 這部曾經受過日本帝國主義的折磨的《周易古經今注》，也隨著有了新的前途。「注釋」一冊，仍用「周易古經今注」的名稱，已由中華書局重印出版了。但是「注釋」和「通說」本是一部書的兩個組成部分，有着密切而不可分割的聯繫。讀者僅看「注釋」，不看「通說」，對於周易古經的整體，不免難於理解；對於一些問題，不免覺得有委無源。因此我又把「通說」加以修正，定名為《周易古經通說》，也由中華書局承印出版，供讀者參考。

樂天出版社的翻印本將〈重訂自序〉改為〈自序〉，又將這兩段話刪節竄改，濃縮成一段，文字如下：

> 民國二十九年我寫成《周易古經今注》一書，書分上下兩冊，上冊是「通說」，下冊是「注釋」。三十多年間因緣抗日軍興與共匪的叛亂，以致祗有《周易古經今注》問世。可是「注釋」和「通說」本是一部書

的兩個組成部分，有著密切而不可分割的聯繫。祇看「注釋」，不看「通說」，對於周易古經的整體，不免難於理解；對於書間一些問題，不免覺得有委無源。因之，我把「通說」重加修訂，定名為《周易古經通說》，也交樂天出版社出版，供讀者參考。

這段文字竄改的也未免太過粗糙，大陸易幟時，高亨先生留在大陸，竟然敢稱中共為共匪，這完全是臺灣一地的用語，而且說高亨的書交給樂天出版社出版，這不就是通匪嗎？這是我所見過竄改得最為拙劣的一段文字。

2. 周易古經通說　高亨撰

　　臺北市　成文出版社　1976 年　正文前有目次 1 頁　重訂自序 4 頁　述例 2 頁　合計 7 頁　正文 130 頁

　　收入《無求備齋易經集成》第 127 冊。

3. 周易古經通說　高亨撰

　　臺北市　華正書局　1977 年 5 月　正文 130 頁

　　刪去正文前〈重訂自序〉。

4. 周易古經通說　高亨著

　　臺北市　洪氏出版社　1977 年 9 月　正文前 7 頁　正文 130 頁

5. 周易古經通說　高亨著

　　臺中市　文听閣圖書公司　2008 年 7 月　正文前有目次 1 頁　重訂自序 4 頁　述例 2 頁　合計 7 頁　正文 130 頁

　　收入林慶彰主編《民國時期經學叢書》第 2 輯第 22 冊。

（三）詩經今注

上海市　上海古籍出版社　1980 年 10 月

正文前有前言 2 頁，詩經簡述 11 頁，目錄 6 頁，合計 19 頁。正文 535 頁。書後有〈詩經今注篇目索引〉6 頁。

有 1981 年 10 月臺北市里仁書局翻印本。封面、書背和書名頁的作者題「高注」，版權頁不題作者。

此書為中國大陸《詩經》研究的名著，大部分人都知道是高亨所著，不然也可以從內文中的「亨按」，得知作者是高亨。前言部分刪去第一、二兩段，這兩段的內容如下：

> 我們社會主義的新中國，勤勞勇敢的人民，在黨的英明領導下，正在進行新的長征。際此人人揚鞭躍馬，爭攀高峰，向四個現代化進軍的時刻，我們怎能不加倍努力呢？！
>
> 我是一個書生，幾十年來，尤其是解放以後，總是爭取多作一些研究工作，多貢獻一點極為微小的力量，已經著有專書十幾種，刊行問世。最近所作《詩經今注》由上海古籍出版社出版，這又使我得到鼓勵，為之欣舞。

這第二段只是高亨先生的自述，可以不用刪去。

三、哲學著作

（一）荀子新箋

　　高亨在 1961 年由濟南市山東人民出版社出版《諸子新箋》，1980 年改由濟南市齊魯書社出版，這本《荀子新箋》就是由《諸子新箋》裁篇而出。1977 年 10 月臺北市成文出版社，出版嚴靈峰所編《無求備齋荀子集成》，收入第 37 冊中。

（二）墨經校詮

　　北京市　科學出版社　1958 年　正文前目錄 1 頁　自序和述例 6 頁　合計 7 頁　正文 208 頁

　　本書臺灣的翻印本很多，茲分別說明如下：

1. 墨經校詮四卷　高亨撰

　臺北市　世界書局　1962 年　正文前 7 頁　正文 208 頁

　書名頁作者題「高晉生撰」。收入《增訂中國學術名著》第 1 輯《增補中國思想名著》第 15 冊中。

2. 墨子校詁　何倫經校詁

　臺北市　華聯出版社　1968 年 7 月　正文 192 頁

　本書封面、書名頁和版權頁作者皆題「何倫經校詁」，其實「何倫經」是個假名，學術界根本沒有這個人，高亨先生的書原名作「墨經校詮」，華聯翻印時改名為《墨子校詁》。本書是根據 1958 年科學出版社排印本翻印，所以僅有正文 192 頁，是因為刪去許多篇幅：（1）刪去原書書前的〈自序〉和〈述例〉。（2）刪去原書頁 59 至 60，即卷 1 後之附註 59 條。（3）刪

去原書頁 102 至 105，即卷 2 後之附註 69 條。（4）刪去原書頁 160 至 164，即卷 3 後之附註 95 條。（5）刪去原書頁 204 至 207，即卷 4 後之附註 88 條。（6）刪去書後所附〈本書引用各家校釋書目〉。

3. 墨經校詮　高亨著

臺北市　樂天出版社　1973 年 4 月　正文前目錄 1 頁　自序和述例 6 頁　正文 208 頁

收入《樂天人文叢書》第 23 種。

4. 墨經校詮　高亨撰

臺北市　成文出版社　1975 年　正文前目錄 1 頁　自序和述例 6 頁　合計 7 頁　正文 208 頁

收入嚴靈峰編《無求備齋墨子集成》第 41 冊中。

5. 墨經校詮　高亨撰

臺北市　臺灣中華書局　出版年不詳　正文前 7 頁　正文 208 頁

（三）墨子新箋

高亨在 1961 年由濟南市山東人民出版社出版《諸子新箋》，1980 年改由濟南市齊魯書社出版，這本《墨子新箋》就是由《諸子新箋》裁篇而出。1977 年臺北市成文出版社，出版嚴靈峰所編《無求備齋墨子集成》，收入第 41 冊中。正文 49 頁。

（四）老子正詁

上海市　開明書店　1943 年　正文前 25 頁　正文 187 頁

本書臺灣翻印本甚多，茲分別說明如下：

1. 老子正詁 2 卷　高亨著
   1970 年臺北市藝文印書館，出版嚴靈峰所編《無求備齋老子集成》續編，收入第 15 函中。
2. 老子正詁　臺灣開明書店編譯部編著
   臺北市　臺灣開明書店　1971 年　正文前 10 頁　正文 187 頁
3. 老子正詁　高亨著
   臺北市　新文豐出版公司　1981 年　正文前 20 頁　正文 187 頁

（五）莊子今箋

1935 年河南開封岐文齋刊朱印本　線裝 1 冊

本書摘錄《莊子》各篇中有疑難的文句，加以斟讎箋註，勝解精義，往往發前人所未發。臺灣有兩種翻印本：

1. 莊子今箋　高亨撰
   臺北市　臺灣中華書局　1971 年 6 月
   正文前有〈諸子今箋吳敘〉9 頁，〈莊子今箋自敘〉3 頁，〈莊子今箋述例〉2 頁，合計 14 頁。正文 106 頁。
2. 莊子今箋　高晉生著
   臺北市　廣文書局　1977 年　正文前 4 頁　正文 196 頁
   本書收入《筆記六編》中。

（六）莊子新箋

高亨在 1961 年由濟南市山東人民出版社出版《諸子新箋》，1980 年改由濟南市齊魯書社出版，這本《莊子新箋》就是由《諸子新箋》裁篇而出。是書一如《莊子今箋》，摘錄疑難文句加以

箋註，頗多勝義。1974 年 12 月臺北市成文出版社，出版嚴靈峰所編《無求備齋莊子集成續編》，收入第 42 冊中。

（七）莊子天下篇箋證一卷

1934 年排印本。後收入高氏著《文史述林》中。1982 年 9 月臺北市成文出版社，出版嚴靈峰所編《無求備齋老列莊三子集成補編》，將本書收入第 56 冊中。

（八）韓非子新箋一卷

高亨在 1961 年由濟南市山東人民出版社出版《諸子新箋》，1980 年改由濟南市齊魯書社出版，這本《韓非子新箋》就是由《諸子新箋》裁篇而出。此書一如高氏箋註《莊子》諸書，摘錄《韓非子》各篇中的疑難文句，加以斠讎箋註，時有勝義。1980 年 4 月臺北市成文出版社，出版嚴靈峰所編《無求備齋韓非子集成》，收入第 38 冊中。

四、文字學著作

（一）文字形義學概論

1962 年坊間有翻印本，書名改為《文字形義概論》。出版地、出版者皆不詳，正文前 13 頁，正文 330 頁。

五、翻印的出版社和時間

到底有多少出版社翻印高亨先生的書？翻印的時間綿延多長？為了得到較正確答案，以下試作分析：

1. 文听閣圖書公司　翻印 2 種，即《周易古經今注》、《周易古經通說》。
2. 世界書局　翻印 1 種，即《墨經校詮》。
3. 成文出版社　翻印 8 種，即《周易古經今注》、《周易古經通說》、《荀子新箋》、《墨經校詮》、《墨子新箋》、《莊子新箋》、《莊子天下篇箋證》、《韓非子新箋》。
4. 里仁書局　翻印 2 種，即《周易古經今注》、《詩經今注》。
5. 武陵出版社　翻印 1 種，即《周易古經今注》。
6. 洪氏出版社　翻印 1 種，即《周易古經通說》。
7. 華正書局　翻印 2 種，即《周易古經今注》、《周易古經通說》。
8. 華聯出版社　翻印 2 種，即《周易古經今注》，將作者改作「張世祿」。《墨經校詮》改名為《墨子校詁》，作者改作「何倫經」。
9. 新文豐出版公司　翻印 1 種，即《老子正詁》。
10. 臺灣中華書局　翻印 2 種，即《墨經校詮》、《莊子今箋》。
11. 臺灣開明書店　翻印 1 種，即《老子正詁》。
12. 廣文書局　翻印 1 種，即《莊子今箋》。
13. 樂天出版社　翻印 3 種，即《周易古經今注》、《周易古經通說》、《墨經校詮》。
14. 藝文印書館　翻印 1 種，即《老子正詁》。
15. 出版者不詳　翻印 1 種，即《文字形義學概論》，改名為《文字形義概論》。

計有十五家出版社翻印了高亨先生的著作，如果以書為單位，被

翻印書的種數多達十二種。其中,《周易古經今注》有七種翻印本,《周易古經通說》有五種翻印本,從這裡也可以看出這兩書的學術價值。

　　如依翻印的時間先後來繫年,順序是:

1962 年　　　　世界書局翻印《墨經校詮》。
1968 年 7 月　　華聯出版社翻印《墨經校詮》,改名為《墨子校詁》。
1969 年 5 月　　華聯出版社翻印《周易古經今注》。
1970 年　　　　藝文印書館翻印《老子正詁》。
1971 年 6 月　　臺灣中華書局翻印《莊子今箋》。
1971 年　　　　臺灣開明書店翻印《老子正詁》。
1972 年 6 月　　樂天出版社翻印《周易古經通說》。
1973 年 4 月　　樂天出版社翻印《墨經校詮》。
1974 年 2 月　　樂天出版社翻印《周易古經今注》。
1974 年 12 月　成文出版社翻印《莊子新箋》。
1975 年　　　　成文出版社翻印《墨經校詮》。
1976 年　　　　成文出版社翻印《周易古經今注》、《周易古經通說》。
1977 年 5 月　　華正書局翻印《周易古經通說》。
1977 年 9 月　　洪氏出版社翻印《周易古經通說》。
1977 年 10 月　成文出版社翻印《荀子新箋》。
1977 年　　　　成文出版社翻印《墨子新箋》。廣文出版社翻印《莊子今箋》。
1980 年 4 月　　成文出版社翻印《韓非子新箋》。
1981 年 10 月　里仁書局翻印《詩經今注》。

1981 年　　　　新文豐出版公司翻印《老子正詁》。
1982 年　　　　里仁書局翻印《周易古經今注》。成文出版社翻印《莊子天下篇箋証》。
1983 年 5 月　　武陵出版社翻印《周易古經今注》。
2008 年 3 月　　華正書局翻印《周易古經今注》。
2008 年 7 月　　文听閣圖書公司翻印《周易古經今注》、《周易古經通說》。

六、結論

綜合以上各節的論述，可得以下數點結論：

其一，高亨先生的著作被翻印的，以研究《周易》的兩本書《周易古經今注》和《周易古經通說》最厲害，前書有七種翻印本，且華聯出版社翻印本，竟將作者改為「張世祿」，製造學術混亂，莫此為甚。後者有五種翻印本。另外，華聯出版社翻印的《墨經校詮》，不但將書名改為《墨子校詁》，竟偽造一位假作者「何倫經」，這已是把學術當兒戲。

其二，翻印高亨先生著作的出版社先後有十四家，大多是正規經營的出版者，他們所以加入翻印的行列，往往是應付市場的需要，偶一為之而已。至於翻印的時間，最早的應是一九六二年世界書局翻印《墨經校詮》，八〇年代則達到翻印的最高峰。

張舜徽先生著作在臺灣的翻印及流傳

一、前言

一九八九年三月間筆者奉函張舜徽教授,主要是《國文天地》有大陸學人傳的專欄,希望能介紹張教授。四月間就收到張先生的回信:

> 慶彰教授撰席
> 一水之隔,竟獲　大函,多承　垂注,至為感謝。舜徽困學畢生,老而無成,迺蒙
> 獎飾,愧不敢當,仍待力學,用副　厚望,承
> 示台北各出版社已將拙著多種先後翻印,以相距較遠,全無所知,未審可由
> 先生各取一本,賜寄一閱否?書值若干,容當補奉也。往年尚聞拙著《清人文集別錄》在台印本尤多,而大札所言,未及此書,豈倉卒偶忘耶?按之常例,一書翻印,必得作者同意,台北印布拙著既廣,自不能置之不理。近聞海峽兩岸出版物有涉版權之處理,已有規定。鄙人之精力雖尚可以出游,而一時則難適台,唯有仰賴　大力支持,關心此事,有以見告也。承囑開示簡歷,別紙錄上,外附生活照片,統希

---

* 原載於《書目季刊》,第 45 卷第 3 期(2011 年 12 月),頁 49-67。

> 垂詧，至於手稿墨跡，則《說文約注》一書是已。專
> 復。敬請
> 教安並盼　示復　張舜徽再拜　一九八九年四月十五日

張先生的信很客氣的說「舜徽困學畢生，老而無成，迺蒙獎飾，愧不敢當，仍待力學，用副厚望」，以這樣的大學者對晚輩那麼客氣，愧不敢當的才是我們。

我在給張先生的信提到臺灣翻印他的著作多種，他希望每種都取一本，一起郵寄給他。張先生順便問到《清人文集別錄》印本尤多，我的信裡怎麼沒有提到這書，這確實是我的疏失。張先生對我請求賜寄履歷、生活照片的事，把它看得很重要，長者的風範從小地方就可以看出來。後來我寄了一大箱翻印本的書給他，當時他的身體大概已走下坡，就由他的兒子張君和先生代為回信。

我感念張先生的長者風範，值得後輩來學習。因此，寫了這篇文稿，讓大陸學者了解臺灣在戒嚴文化下如何翻印大陸學者的著作。

二、文獻學著作

（一）《漢書藝文志釋例》

本書完成於 1946 年 10 月，1963 年聰華書局出版張先生《廣校讎略》時，作為附錄。臺灣楊家駱教授主編《中國學術類編・校讎學系編》（臺北市，鼎文書局，1977 年 10 月）出版時，收入此書。書前目次後有張先生的題記，該題記云：

往讀元和孫德謙氏《漢書藝文志舉例》，病其雜沓繁冗，規規於史家筆法及修志義例，而余昔人造書目時，甄審注錄之際，轉多疏漏，非所以辨章學術也。奮欲從事改作，而未暇為之。頃來蘭州，乃取〈漢志〉重加溫繹，融會鈞稽，得三十事，區以五門寫定，命曰：《漢書藝文志釋例》。大半為孫氏所不及道，其餘儒先簿錄群書之旨，或有合焉。學者苟能取孫書並觀之，必恍然知劉班之例，固在此而不在彼也。公元一九四六年十月堯安記。

這部系編分為甲劉氏系、乙鄭氏系、丙章氏系，茲將各系所收著作臚列如下：

甲　劉氏系
　　劉　向：《七略別錄佚文》
　　孫德謙：《劉向校讎學纂微》
　　羅根澤：《別錄闡微》
　　劉　歆：《七略佚文》
　　程會昌：《別錄七略漢志源流異同考》
　　附錄一　姚振宗：《漢書藝文志條理敘錄》
　　附錄二　姚振宗：《漢書藝文志拾補例言》
　　附錄三　孫德謙：《漢書藝文志舉例》
　　附錄四　張堯安：《漢書藝文志釋例》
乙　鄭氏系
　　鄭　樵：《通志校讎略》

　　　　　錢亞新：《鄭樵校讎略研究》
　　　　　張堯安：《廣校讎略》
　　　　　附錄一　楊國楨：《鄭樵年代考索二題》
　　　　　附錄二　焦　竑：《國史經籍志糾謬》
　　　丙　章氏系
　　　　　章學誠：《校讎通義內編》
　　　　　章學誠：《校讎通義外編》
　　　　　章學誠：《校讎通義外編補》
　　　　　劉咸炘：《續校讎通義》
　　　　　劉咸炘：《校讎述林》
　　　　　杜定友：《校讎新義》

這本《漢書藝文志釋例》收入「甲　劉氏系」的附錄四。作者題「民國張堯安撰」。臺北市，鼎文書局，1977年10月出版。

（二）《廣校讎略》

　　長沙市　壯議軒自印本　1945年；北京市　中華書局1963年出版

　本書分五卷十九論，各卷之內容如下：

　　卷一
　　　校讎學名義及封域論二篇
　　　著述體例論十篇
　　　著述標題論八篇
　　卷二
　　　作者姓字標題論五篇

補題作者姓字論四篇
　　援引古書標題論八篇

卷三
　　序書體例論五篇
　　注書流別論二篇
　　書籍傳布論二篇
　　書籍散亡論二篇
　　簿錄體例論四篇
　　部類分合論七篇

卷四
　　書籍必須校勘論二篇
　　校書非易事論四篇
　　校書方法論六篇
　　清代校勘家得失論三篇
　　審定偽書論三篇
　　搜輯佚書論五篇

卷五
　　漢唐宋清學術論十八篇

這本書在 1977 年 10 月，由臺北市鼎文書局翻印出版，收入楊家駱主編《中國學術類編・校讎學系編》乙鄭氏系的第三篇。作者題「民國張堯安撰」。

（三）《清人文集別錄》
　　北京市　中華書局　1963 年 11 月出版

清人文集今存者多達數千種,本書收錄張先生為清人文集所作提要六百篇,分為二十四卷,每一提要皆將文集中最重要的觀點錄出,再作評論。本書為研究清代學術最重要的入門工具書。1982 年 8 月臺北市明文書局翻印出版。一出版即銷售一空,可惜後來未再版,讀者常覺遺憾。

(四)《中國文獻學》

　　鄭州市　中州書畫社　1982 年 12 月出版

　　本書分為十二編,各編內容如下：

第一編	緒論
第二編	古代文獻的基本情況
第三編	整理古代文獻的基礎知識之一──版本
第四編	整理古代文獻的基礎知識之二──校勘
第五編	整理古代文獻的基礎知識之三──目錄
第六編	前人整理文獻的具體工作
第七編	前人整理文獻的豐碩成果
第八編	歷代校讎學家整理文獻的業績
第九編	清代考證學家整理文獻的業績
第十編	近代學者整理文獻最有貢獻的人
第十一編	今後整理文獻的重要工作
第十二編	整理文獻的主要目的和重大任務

1983 年 7 月臺北市木鐸出版社翻印出版。原書第十二編〈整理文獻的主要目的和重大任務〉,分三章,第三章〈我們今天編述中

華人民通史的必要與可能〉附〈中華人民通史編述提綱〉，即頁369至388，翻印本皆刪去。這是一本體系龐大，內容充實的文獻學著作。在臺灣的文史科系學生，大概都看過這本書。

（五）《四庫提要敘講疏》

本書有張舜徽先生1982年8月所作之〈自序〉，收入張先生所著《舊學輯存》（濟南市：齊魯書社，1988年）下冊。2002年3月臺北市臺灣學生書局重排出版。

張氏的〈自序〉提到：「即取《四庫全書總目提要敘》四十八篇為教本。昔張之洞《輶軒語》教學者曰：『將《四庫全書總目提要》讀一過，即略知學問門徑矣。』余則以為此四十八篇者，又門徑中之門徑也。苟能熟習而詳繹之，則於群經傳注之流別，諸史體例之異同，子集之支分派衍，釋道之演變原委，悉憭然於心，於是博治載籍，自不迷於趣嚮矣。」

三、哲學著作

（一）周秦道論發微

北京市　中華書局　1982年11月初版

本書作者〈前言〉有云：

> 近世治周秦諸子之書者，大抵校勘版本、詮釋文字之力為多，而融會貫通、暢深大義之言甚少。自清代諸儒下逮並世勝流，作者眾矣。雖對詳審，考證精覈，

使上世遺書譯然已解，其為功固不細。然余以為此特讀書首務耳，而非其終詣也。夫周秦諸子之言，起于救時之急，百家異趣，皆務為治。雖各自成一家，不相為謀；然亦有所見大合、殊途而同歸者。後人籀繹其書，但知其異而不見其同，猶不足謂善學也。余昔治周秦諸子書，而深疑道論之要，何以為百家所同宗。反覆推尋，始悟無為之旨，本為人君南面術而發，初無涉於臣下萬民也。近人治哲學者，乃謂老子之言無為，實欲返諸太古之無事。使果如此，必致耕稼陶漁、百工技藝，皆清淨無所事事，則乾坤或幾乎息矣，烏覩所謂後世之文明乎？故其說必不可通。余早歲嘗為書數種，以暢發道論之要，進復有所增益，因裒為一書，名曰《周秦道論發微》。

該書分九卷，篇目如下：

《道論通說》一卷（原名：《危微論》）
《道論足徵記》一卷
《老子疏證》二卷
《管子心術疏證上》一卷
《管子心術疏證下》一卷
《白心疏證》一卷
《內業疏證》一卷
《太史公論六家要指述義》一卷

1983 年 9 月臺北市木鐸出版社翻印出版。當時的研究生購買的甚多，但國內圖書館有典藏的僅數家。

四、史學著作

（一）《中國歷史要籍介紹》
武漢市　湖北人民出版社　1955 年 11 月初版

本書旨在分類介紹歷史書籍，全書分為十章：

  第一章　歷史書籍的範圍
  第二章　研究中國古代史的基本書籍
  第三章　百科全書式的通史
  第四章　仿效《史記》寫作形式編成的斷代史
  第五章　專詳治亂興衰的政事史
  第六章　專詳文物典章的制度史
  第七章　以地域為記載中心的方志
  第八章　和研究歷史有密切關係的沿革地理與地圖
  第九章　史評書籍的代表作品
  第十章　研究中國歷史的重要書籍簡目

本書臺灣有四次翻印：（1）1978 年臺北市粹文堂翻印出版，將書名改為《中國史學要籍介紹》，作者題「本社編輯部」。（2）1980 年 3 月臺北市南嶽出版社翻印出版，翻印時，將書名改為《中國史學要籍介紹》，作者題「本社編輯部」，收入《中國古籍研究叢刊》中，與《中國古籍校讀指導》、《中國古書版本研究》合冊。（3）1980 年明倫出版社將《中國古籍研究叢刊》重印。（4）1983 年民主出版社將《中國古籍研究叢刊》重印。

（二）《中國古代史籍校讀法》
上海市　中華書局上海編譯所　1962 年 7 月初版

　　本書分四編，〈第一編　通論——校讀古代史籍的基本條件〉，張先生指出，須掌握閱讀古籍的技能，及古籍的一般狀況。〈第二編　分論上——關於校書〉，本篇對書籍為何要校勘，校書的依據，校書過程中值得注意的幾個問題，怎樣進行校書，都有詳細的討論。〈第三編　分論下——關於讀書〉，對古人寫作中的一般現象，還有認識古人著述體要，怎樣閱讀全史，整理史料的一般方法，都有相當詳細的討論。〈第四編　附論——辨偽和輯佚〉，討論辨偽和輯佚等相關問題。

　　本書內容涵蓋面廣，文字深入淺出，是文科學生了解古籍的最佳入門書。二十多年前，筆者在東吳大學講授「國學概論」、「詩經」、「中國思想史」、「治學方法」等課程時，曾經告訴學生，沒有讀過這本書的，不能算大學或研究所畢業。也因為這本書的內容那麼豐富，臺灣的翻印本多達八種，茲分別說明如下：

1. 《中國古代史籍校讀法》　本社編審
　臺北市　地平線出版社　1972 年 2 月初版
　　內容基本上沒有刪節，惟〈序言〉第 1 頁最後 1 行「我在一九五五年寫成《中國歷史要籍介紹》一書」將「一九五五年」改為「民國四四年」。〈序言〉末的署名「張舜徽　一九五八年一月三十日於武昌」，翻印本則改為「著者：民國六十一年元月」。內容個別文字也稍有改動，惟並無大礙，所以不再舉例。

2. 《中國古史研究法》　本社編

臺北市　漢苑出版社　1977 年 4 月初版

本書內容頗有刪節：（1）刪去書前之〈序言〉。（2）第三編〈分論下——關於讀書〉第四章〈整理史料的一般方法〉第四節〈關於傳說時期史料的來源問題〉，頁 265 第二段「如果按照……」至頁 266 這一段結束全部刪去。（3）第五節〈從聯繫的觀點理解事物〉，整節刪去。（4）第六節〈有些重要文字，可手鈔以助記憶〉，改為第五節。

3. 《中國古籍校讀指導》

臺北市　粹文堂　1978 年

4. 《中國古籍校讀指導》

臺北市　盤庚出版社　1979 年（文史叢刊第 16 號）

5. 《中國古籍校讀指導》　本社編輯部

臺北市　南嶽出版社　1980 年 3 月翻印本

收入《中國古籍研究叢刊》中，與《中國史學要籍介紹》、《中國古書版本研究》合冊。

書名改作《中國古籍校讀指導》。內文第三編〈分論下——關於讀書〉第四章〈整理史料的一般方法〉第四節〈關於傳說時期史料的來源問題〉，頁 265 第二段「如果按照……」全部刪去。頁 266 第一段刪去「由此可見」四字。

後來將此本《中國古籍研究叢刊》重印者有：（1）臺北市明倫出版社 1980 年印本。（2）臺北市民主出版社 1983 年印本。兩出版社的印本與南嶽出版社本完全相同。

6. 《中國古代史籍校讀法》　不題作者

臺北市　臺灣學生書局　1981年9月

本書該書局前後翻印四次，分別是1981年、1985年、1989年、1991年。1985年本作者題「臺灣學生書局著」，其餘各本皆不題作者。

本書內容頗有刪節：（1）刪去書前之〈序言〉。（2）第三編第四章〈整理史料的一般方法〉第四節〈關於傳統時期史料的來源問題〉，頁265第二段「如果按照……」至頁266這一段結束，全部刪去。下一段開頭「由此可見」四字，也刪去。（3）頁267，倒數3行「也就具體說明了封建政權一切措施，徹頭徹尾是為本階段──地主階段服務的。」改為「也就具體說明了當時政府的一般措施了。」（4）頁268，第5行「這一制度，難道大大地照顧了地主們的利益嗎？」「大大地照顧」改作「非常地優待」。且刪去「這樣聯繫起來看問題，自可進一步說明了封建政權為誰服務的本質。」其他個別字句刪改者甚多，詳細核對即可了解。

7.《中國古籍校讀指導》　本公司編輯部編

臺北市　新文豐出版公司　1984年2月（學萃探源叢書第四冊）

本翻印本完全根據南嶽出版社的版本重印。所以竄改的情況，兩者幾乎一模一樣。

8.《中國古代史籍校讀法》　張舜徽著

臺北市　里仁書局　1988年出版

本書該書局前後翻印三次，分別是1988年、1997年、2000年9月。各次翻印本作者皆題「張舜徽著」。本書幾乎是臺灣所

有翻印本中最完整的版本。大抵是根據中華書局上海編譯所的版本,重印出版。

此外,王秋桂、王國良主編的《中國圖書文獻學論集》(臺北市:明文書局,1986年增訂本),在第三輯「校勘考訂」中,選錄《中國古代史籍校讀法》第四編〈附論——辨偽和輯佚〉中的〈關于辨識偽書的問題〉與〈關于蒐集佚書的問題〉兩篇。

以上八種翻印本,現在市面上有流傳的,僅僅新文豐出版公司和里仁書局的兩種。至於圖書館收藏的也相當少,大抵只有里仁書局的版本而已。

(三)《史學三書平議》

北京市　中華書局　1983年2月初版

本書所謂「三書」,是指《史通》、《通志》和《文史通義》。書前有1980年9月18日,張舜徽先生的〈引言〉,該〈引言〉說:

> 往余啟導及門讀史,先之以《史通》、《通志總序》、《文史通義》三書,謂必閑於前人評史之言,而後能考鏡原流,審辨高下。循序漸進,庶有以窺見治史門徑。諸生好學者,相從請質疑義,余一一答之,講習餘暇,間有疏記。凡三書中議論之精者,表而出之;其或疏舛,輒加考明;不護前人之短,期于求是而已。當時記諸書眉及行間上下皆滿,越歷多載,近始稍加芟治,錄為一冊,顏曰《史學三書平議》,故未能探得前人深處也。一九八〇年九月十八日,張舜識

本書在臺灣有三次翻印：（1）1985 年 3 月臺北市帛書出版社翻印出版。作者題「張舜徽著」。（2）1985 年臺北市宏文出版社翻印出版。作者題「張舜徽著」。（3）1986 年 9 月臺北市弘文館出版社翻印出版。作者題「張舜徽著」。

（四）《中國古代勞動人民創物志》

武昌市　華中工學院出版社　1984 年 11 月出版

全書分為十一部分，分別為：

一、我們祖先在農業生產方面的成就

二、在生產過程中所取得的知識

三、豐富了飲食的內容

四、生活資料的多方面發展

五、生活資料的進一步美化——藝術品的出現

六、努力改變自然環境，使生活過得更好

七、創造出保健的方法，使壽命更久長

八、有了疾病是怎樣去醫療的

九、創造了文字

十、文學的創造

十一、怎樣出現了書籍

本書臺灣曾翻印過兩次：（1）1987 年 5 月臺北市木鐸出版社出版。書名改為《中國文明創造史》。木鐸的翻印本，既無序也無跋，也沒有出版社的出版說明。（2）1988 年 10 月臺南縣莊嚴文化出版社出版。書名改為《中國文明的創造》，作者題「張舜徽編著」。

1992 年重印時作者改題「莊嚴出版社編輯部編著」。

五、文字學著作
（一）《說文解字約注》
鄭州市　中州書畫社　1983 年 3 月出版

書前有張先生的〈自序〉，歷述各家《說文》注之得失，他認為研究《說文》功力最深厚的是桂馥，段玉裁則以識斷勝，然好逞己意改字，故論者多病其輕率武斷。王筠取兩家之書而折衷之，所為《說文句讀》發明甚少。朱駿聲立古韻十八部，以統九千餘文。自為義例，與許書據形系聯之旨異趣。可說清代研究《說文》四大家的著作，各有優劣得失，這是張先生所以要再作《說文約注》的主要原因，該書取前人之注解，擇其善者，收入注中。前人所未道者，或道之而仍未恰者。輒出於己意，以定其是非。全書分三十卷，卷末有「通檢」，是民國以來注解《說文》最值得肯定的著作。

1984 年 7 月臺北市木鐸出版社翻印出版，全五冊。

六、翻印的出版社和時間

臺灣在戒嚴時期翻印或竄改大陸的著作，大都不敢印上書局或出版社的名稱。這幾家翻印張先生著作的出版社，大都是正規經營的出版社，茲臚列如下：

1. 木鐸出版社　翻印 4 種，即《中國文獻學》、《周秦道論發微》、《說文解字約注》，《中國古代勞動人民創物志》改名為《中

國文明創造史》。
2. 弘文館出版社　翻印 1 種，即《史學三書平議》。
3. 民主出版社　翻印 2 種，《中國歷史要籍介紹》改名為《中國史學要籍介紹》，《中國古代史籍校讀法》改名為《中國古籍校讀指導》，收入《中國古籍研究叢刊》中。
4. 地平線出版社　翻印 1 種，即《中國古代史籍校讀法》。
5. 宏文出版社　翻印 1 種，即《史學三書平議》。
6. 里仁書局　翻印 1 種，即《中國古代史籍校讀法》。
7. 帛書出版社　翻印 1 種，即《史學三書平議》。
8. 明文書局　翻印 1 種，即《清人文集別錄》。
9. 明倫出版社　翻印 2 種，《中國歷史要籍介紹》改名為《中國史學要籍介紹》，《中國古代史籍校讀法》改名為《中國古籍校讀指導》，收入《中國古籍研究叢刊》中。
10. 南嶽出版社　翻印 2 種，《中國歷史要籍介紹》改名為《中國史學要籍介紹》，《中國古代史籍校讀法》改名為《中國古籍校讀指導》，收入《中國古籍研究叢刊》中。
11. 莊嚴文化出版社　翻印 1 種，即《中國古代勞動人民創物志》，改名為《中國文明的創造》。
12. 新文豐出版公司　翻印 1 種，《中國古代史籍校讀法》，改名為《中國古籍校讀指導》。作者改為「本公司編輯部編」。
13. 鼎文書局　翻印 2 種，即《漢書藝文志釋例》、《廣校讎略》。
14. 漢苑出版社　翻印 1 種，即《中國古代史籍校讀法》改名為《中國古史研究法》。
15. 粹文堂　翻印 2 種，《中國歷史要籍介紹》改名為《中國史

學要籍介紹》,《中國古代史籍校讀法》改名為《中國古籍校讀指導》,收入《中國古籍研究叢刊》中。
16. 臺灣學生書局　翻印2種,即《中國古代史籍校讀法》、《四庫提要敘講疏》。
17. 盤庚出版社　翻印1種,《中國古代史籍校讀法》改名為《中國古籍校讀指導》。

計有十七家出版社翻印了張先生的著作。如果以書為單位,被翻印書的種數多達十一種。其中,《中國古代史籍校讀法》由於許多大學都用為教本,需求量比較大,有十家出版社的翻印本。

　　如依翻印的時間先後來繫年,順序是:

1972年2月　　地平線出版社翻印《中國古代史籍校讀法》。
1977年4月　　漢苑出版社翻印《中國古代史籍校讀法》改名為《中國古史研究法》。
1977年10月　鼎文書局翻印《漢書藝文志釋例》、《廣校讎略》。
1978年　　　粹文堂翻印《中國歷史要籍介紹》改名為《中國史學要籍介紹》,翻印《中國古代史籍校讀法》改名為《中國古籍校讀指導》。
1979年　　　盤庚出版社翻印《中國古代史籍校讀法》,改名為《中國古籍校讀指導》。
1980年3月　　南嶽出版社翻印《中國歷史要籍介紹》、《中國古代史籍校讀法》,分別改名為《中國史學要籍介紹》、《中國古籍校讀指導》,與《中國古書版本研究》合為一冊,書名作《中國古籍研究叢刊》。

1980年	明倫出版社翻印《中國古籍研究叢刊》，內容與前同。
1981年9月	臺灣學生書局翻印《中國古代史籍校讀法》。
1982年8月	明文書局翻印《清人文集別錄》。
1983年7月	木鐸出版社翻印《中國文獻學》。
1983年9月	木鐸出版社翻印《周秦道論發微》。
1983年	民主出版社翻印《中國古籍研究叢刊》，內容與前同。
1984年2月	新文豐出版公司翻印《中國古代史籍校讀法》，改名為《中國古籍校讀指導》。
1984年7月	木鐸出版社翻印《說文解字約注》。
1985年3月	帛書出版社翻印《史學三書平議》。
1985年	宏文出版社翻印《史學三書平議》。
1986年9月	弘文館出版社翻印《史學三書平議》。
1987年5月	木鐸出版社翻印《中國古代勞動人民創物志》，改名為《中國文明創造史》，書背和書名頁皆題「張舜徽著」。
1988年10月	莊嚴文化出版社翻印《中國古代勞動人民創物志》，改名為《中國文明的創造》。
1988年	里仁書局重排印《中國古代史籍校讀法》。
2002年3月	臺灣學生書局重排印《四庫提要敘講疏》。

翻印的時間從1972年起到2002年，其中的1972年到1988年是政府查禁大陸出版品最厲害的時段。最早翻印張先生的書的是地平線出版社。翻印這些著作的出版社、書局，一大部分為專門翻印大陸書的出版社，一部分並非專門翻印大陸書的出版社，翻印

也並非是牟利,而帶有好書大家讀的意味。

七、結論

綜合以上之敘述,可歸納為下列數點結論:

其一,臺灣翻印張先生的著作多達十一種,大概是大陸學者著作被翻印最多的,翻印的書大都是文獻入門的著作。其中以《中國古代史籍校讀法》的翻印本十種最多,翻印本也最能反映當時大陸學者著作被翻印的型態,即將作者改為「本社」、「本社編輯部」,或用作者的字號,或將〈序言〉刪去。有時將〈序言〉中的西元紀年改為民國紀年。內文如有「統治者」、「封建社會」等用語,也盡可能改用「政府們」、「傳統社會」等字眼來代替。

其二,翻印張先生的著作,始於一九七二年二月地平線出版社翻印《中國古代史籍校讀法》,至一九八八年莊嚴文化出版社翻印《中國古代勞動人民創物志》,基本上已經結束。這二十五年間,就是臺灣政府查禁大陸書最雷厲風行的時段,也是翻印大陸學者著作最密集的時期。翻印張先生的著作,正好反映這種學術風氣。

其三,翻印張先生的著作的出版社,一大部分為專門翻印大陸出版品的出版社,像明文書局、鼎文書局、臺灣學生書局、新文豐出版公司、里仁書局等,並非專門從事翻印的出版社。他們都出版過相當多的著作,翻印張先生的書,僅是因應市場需要,偶一為之而已。

附錄一：張舜徽先生來信

而 大札所言未及此書豈舍辛偶忘耶按之常例一書翻印必須作出同意台北印布拙著阮廣自不待言之不理近聞海峽兩岸出版物有涉版權之處理已有規定節人精力雖尚可以支撐而一時則難適台惟有仰賴 大力支持固心此事有以覓告也承貺閱示簡歷別紙錄上外附生活照片浼希垂誉至于手稿墨蹟則読文約注一書是已專函敬請教安並頌 示復 張舜徽再拜 一九八九年四月十五日

慶彰教授撰席

一水之隔竟獲大函多乙承垂注至為感謝

舜徽困學畢生老而無成辱蒙

獎飾愧不敢當仍待力學用副厚望承

示台北某出版社已將拙著多種先後翻印以相貽

寄遠全無所知未審可由

先生多取一本賜寄一閱否書值若干容當補奉

也往年尚聞拙著清人文集別錄在台印本尤多

誰剽竊朱自清的著作

朱自清的《經典常談》是一九四二年重慶市國民圖書出版社出版的，迄今已七十年，仍舊是書店暢銷書排行榜的前幾名，流傳的版本有三十多種。這書用最淺顯流利的筆調，討論了中國的傳統經典和四個主題，細目如下：

說文解字第一
周易第二
尚書第三
詩經第四
三禮第五
春秋三傳第六（國語附）
四書第七
戰國策第八
史記漢書第九
諸子第十
辭賦第十一
詩第十二
文第十三

把討論的「三禮」算三種書，「春秋三傳附國語」算四種書，「四書」算四種書，「史記漢書」算兩種書，合計十七種書，四個主題。朱自清這本書還有個特點，要讓讀者知道，即他所討論的經典，不限於儒家的十三經，他採開放的態度，將《說文解字》、諸子、

辭賦、詩、文等都納入經典的範圍，等於擴大經典的領域，也加深了國人對經典的了解。像朱自清這種書不論學術界或社會上確實有它的需要。也因為需要者多，就出現了兩種剽竊《經典常談》的書，一本是朱銘段的《經典淺說》，另一本是吳雲鵬的《中國經典常識》。

這本題朱銘段教授著的《經典淺說》，是一九六五年十二月臺北市柳風出版社印行，有目錄二頁，序文四頁，正文一百七十三頁，封面和書名頁都題「朱銘段教授著」。正文前的序文，就是朱自清《經典常談》的序文，僅將序文末的「朱自清」三個字改作「朱銘段謹識」。正文則完全相同。此書臺灣大學、東吳大學、中國醫藥大學圖書館有收藏。

另一本《中國經典常識》一九六七年臺南市經緯書局印行，目錄二頁，正文一百三十八頁，題「吳雲鵬編」，本書把原書的序文刪去。此書國家圖書館、政治大學圖書館有收藏。

一九八七年，我們在編輯《經學研究論著目錄》（1912-1987）時，已發現這兩本偽書，當時限於目錄體例，僅作如下的處理：在朱自清《經典常談》的條目下，我們著錄了兩條：

　　臺北　柳風出版社　173 頁　1965 年 12 月
　　（作者和書名改為朱銘段經典淺說）
　　臺南　經緯書局　138 頁　1967 年 11 月
　　（作者和書名改為吳雲鵬中國經典常識）[34]

---

[34] 見林慶彰主編《經學研究論著目錄》（臺北市：漢學研究中心，1989 年 12 月），上冊，頁 4。

另外，也為朱銘段和吳雲鵬各立了一個條目，以方便讀者從作者來檢查，條目如下：

> 朱銘段　經典淺說　　臺北　柳風出版社　　173 頁
> 1965 年 12 月（即朱自清經典常談）
> 吳雲鵬　中國經典常識　臺南　經緯書局　　138 頁
> 1967 年 11 月（即朱自清經典常談）[35]

這樣重複著錄，目的是要讀者從各個方面都可知道這兩種書是偽書，引用時要特別小心，如果不加鑑別，就加以引用，恐怕會鬧笑話。

雖然，在《經學研究論著目錄》中對這兩本書已有所考辨，但很少人會從目錄中去找偽書的資料，還是單獨寫成文章比較好。有朋友說花時間在當代的偽書上，甚不值得。這話使我想起了清朝初年的一件事。詩論家王士禎在所著《池北偶談》中，曾譏笑周嬰《卮林》考辨當時的偽書，《四庫全書總目》卻不以為然，加以反駁說：「既悉其謬，即當顯為糾正，以免疑誤後人。」[36] 今人所以少受偽書之害，都虧《總目》辨偽之功。《總目》的話一直影響著我，所以我不嫌浪費筆墨，把這兩本偽書加以舉發。

---

[35] 同註 34，頁 5。
[36] 見四庫全書研究所整理《欽定四庫全書總目》（北京市：中華書局，1997 年 1 月），上冊，頁 1594，周嬰《卮林》十一卷提要。

九本詩學入門書

　　坊間有不少詩學入門書，我把這些入門書做過詳細的考察，發現有不少書所題的作者雖有不同，內容卻完全一樣。最典型的例子，就是下列九種書：

1. 學詩淺說　不題作者

　　臺南市　大華出版社　1967 年 7 月

　　政治大學、中央大學、東吳大學、南華大學圖書館、高雄市立圖書館有收藏。

2. 學詩之門　不題作者

　　臺北市　大明出版社　1967 年

　　東海大學圖書館有收藏。

3. 學詩之門　題江南出版社編

　　臺北市　江南出版社　1967 年 11 月　目錄 4 頁　正文 209 頁

　　東吳大學圖書館有收藏。1969 年再版，世新大學圖書館有收藏。1971 年又有印本，國立中央圖書館臺灣分館、東華大學、東海大學圖書館有收藏。

4. 古詩習作與欣賞　瞿蛻園

　　臺北市　五洲出版社　1969 年 7 月　目錄 4 頁　序 2 頁　正文 209 頁

　　傅斯年圖書館有收藏。

5. 詩學淺說　題學海出版社編

　　臺北市　學海出版社　1973 年 2 月　目錄 4 頁　正文 209 頁

1977年印本稱二版，1980年9月印本稱再版，1992年8月印本也稱再版。各次印本，收藏的圖書館甚多，不一一列舉。

6. 學詩淺說　李度選注

高雄市　大眾書局　1970年

東吳大學圖書館有收藏。1973年5月再版，世新大學、南華大學、育達技術學院圖書館有收藏。

7. 詩的寫作與欣賞　東海野叟編

臺北市　泰華堂出版社（臺灣大同書局總經銷）　1973年7月

8. 詩學義海──中國古典詩詞入門　不題作者

臺北市　莊嚴出版社　1977年5月　目錄4頁　正文216頁

版權頁題「編輯者　本社編輯部」。列入古典新刊第二種。1978年印二版，1980年4月印三版，1982年3月印四版，各版圖書館都有收藏，不一一列舉。

9. 學詩淺說　瞿蛻園、周紫宜

臺北市　河洛圖書出版社　出版年不詳

其實，這九本書的正文頁數雖有不同，有三種都是二百零九頁，大概原本就是這個頁數，那是根據什麼書來翻印的？一九六一年香港上海書局有出版過瞿蛻園、周紫宜合著的書，書名作《學詩淺說》，正文恰好是二百零九頁，這書大概是上面提到九種書的祖本。九種翻印本中，學海出版社和莊嚴出版社因有多次影印，兩家的印本流傳最廣。

　　這本《學詩淺說》有什麼特色，值得讓九家出版社來翻印？臺灣師範大學國文研究所汪中教授，在所著〈詩學參考要籍提要〉

中說：

> 自歐陽永叔創為詩話，後之作者，各肆意趣，因陳增益，規模漸具，以至別成製作之一體，終為詩體縱恣之談藪。民國以來，乃有以淺近之語體，或論其作法，或發為賞析，金針獨度，蓋亦詩話之別創也，坊間往往充斥。其佳者，亦有超邁前修者也。是書（按：指《學詩淺說》）系統謹嚴，復能由淺趨深，提綱挈領，其采前人詩話語，往往改以淺顯文字，於關鍵處，又不厭反覆求詳，期於了然，信為初學之權輿，升堂之梯階也。有學海出版社印行本。[37]

汪中教授是國內研究古典詩的著名學者，他的這段評論並沒有提到這本書作者，但以汪教授在詩學上的造詣，這是一本好書，應該沒有問題。他認為這種入門書是從詩話演變而來，但有詩話所不及的地方：

其一，即「系統謹嚴」，這是相對於詩話來說的。詩話可以天南地北、上下古今的談，是比較沒系統的，而這本書以能跳脫詩話體裁的限制，有一謹嚴的著作結構。

其二，即「能由淺趨深，提綱挈領」，這是入門書最重要的條件。

---

[37] 汪中：〈詩學參考要籍提要〉，收入《國學研究論集》（臺北市：學海出版社，1977年11月），頁104-106。

其三,「採前人詩話語,往往改以淺顯文字」,這就是作者用力深的地方。許多人引用前賢之言,往往生吞活剝,甚至於連自己也不完全理解,本書能用淺顯的文字來改寫前賢之言,已踏出成功的第一步。

這本書結構謹嚴,是初學詩者重要入門書。茲將篇目抄錄一遍,供讀者參考,全書共分六篇:

一、詩的結構形式
二、名篇欣賞和誦讀法
三、詩的發展與重要流派
四、由詩到詞
五、寫作方法
六、論詩零拾

先討論詩的結構,讓讀者知道詩的句法、章法、平仄、四聲、對偶和詩韻,再告訴讀者如何欣賞名篇,然後進一步告知先秦至清代詩的發展,舉出各朝代的代表詩人。讀了這本書,在極短的時間內,就能對兩千多年詩的發展,有概括的了解,確實是一本非常實用的入門書。難怪從一九六七年到一九七七年間,就有九種翻印本。

趙景深《中國文學小史》
在臺灣的翻印本

　　趙景深的《中國文學小史》在抗戰期間是頗為流行的文學史入門書。清華大學入學考試曾指定此書為唯一的參考書目，也被採用為中學教材。該書在一八二八年一月由上海市光華書局出版，二百一十二頁。由於通俗易懂，一如朱自清《經典常談》，一出版即受到廣大讀者的歡迎。

　　《中國文學小史》很能抓住讀者的心，一九三一年八月已出版第十版。一九三六年已出版第十九版。該書共有三十三章，在第十版時，曾做了訂正。書的內容第一章是〈緒言〉，第二章是〈屈原和宋玉〉，第三十三章是〈五四以後的新文學〉。每章後附〈參考書目〉。在第十版時曾做過訂正，他說：

> 這一次把我所知道的錯誤，朋友們的指示都已訂正，並且添加一些材料，差不多各節中都有一些。最後一節更加了兩大段，將現代文學敘到最近為止，雖然寫的很粗疏。

除了訂正錯誤外，在每一章也增添一些資料，此外，趙氏強調特別刪改的地方有三點：

1. 文學家的生卒有些在初稿中所沒有的，大半都據孫俍工的《文藝辭典續編》補入。

> 2.〈參考書目〉在初稿時舉有報章和難得的雜誌論文，現在完全去掉；因為舉了出來，無處找得原文，等於不舉。有些由論文而成書，或更易出版處，亦均改正。
>
> 3. 初稿時有些作家不曾另段，現在擇最重要的特行另段，以清眉目。

趙氏以上三點刪改，有的正確，有的並不正確。根據孫俍工的《文藝辭典續編》補入文學家的生卒年，對讀者來說是極為方便的事。在〈參考書目〉中所舉報章雜誌論文，因怕讀者找不到而全部刪去，這種看法不一定是正確的。雖然一時找不到，也可以保留書目，也許將來環境變了，找資料變的比較方便，就可以根據〈參考書目〉的指示，找到資料。要不然，也可以知道前人有些什麼研究成果，不必急著要把它刪去。

一九三六年六月十一日趙景深在〈十九版自序〉中，又談到他刪改的情形，如果加以歸納，大概有以下幾點：

1. 訂正戲曲、小說之作者：他根據鄭振鐸的考證，《繡襦記》的作者是徐霖，根據胡適的考證，楊志和的《西遊記》，成於吳承恩《西遊記》之後。《品花寶鑑》的作者，以前作陳森書，根據魯迅的考證，應作陳森。《花月痕》的作者叫魏秀仁。趙氏將這些新的研究成果都已納入他的書中。
2. 改正詩詞起源的觀點：他根據胡適的說法，改正詞的起源，又根據徐中舒的說法，改正五言詩的起源。

3. 增加章節：為了滿足一般批評者的需求，又增加了〈詩經〉和〈南北朝樂府〉兩章，總共有三十五章。

由此可見，臺灣的翻印本如果有〈詩經〉和〈南北朝樂府〉的，應該是十九版或十九版以後的版本。此外，文學家的生卒年，也照梁廷燦的《歷代名人生卒年表》添補。〈參考書目〉也多有增加和刪削。現代文學的戲劇和散文兩部分添了兩大段。

從這些刪改增補的情形，我們可以知道趙先生隨時都將他這本《小史》保持在最好的狀態中。因此並沒有過時，或不適用等的情況出現。

根據《民國時期圖書總目》〈中國文學〉上冊的記載，趙先生的《小史》，在一九三六年七月改由上海市大光書局出版，一百九十八頁。到一九三七年三月發行「二十」版。這「二十版」是連光華書局的一起算？還是大光書局的就有二十版？還有待進一步的研究。趙氏在一九三六年一月，又由北新書局出版《中國文學史新編》。一九三六年六月又由上海市中華書局出版《中國文學史綱要》。

在臺灣最早翻印此書的是一九五一年的啟明書局。到一九八三年四月有出版社將此書改頭換面印行，翻印的情形如下：

（一）《中國文學小史》　　不題作者
臺北市　啟明書局　1951 年

1951、1959、1961 年 12 月皆有翻印本。封面、書背和版權頁，皆不題作者。收入《青年百科入門・國學入門組》。正文前

有目次4頁，正文三十三章。這書大概翻印第十九版以前的版本，所以還沒有加入〈詩經〉、〈南北朝樂府〉二章。

（二）《中國文學史》　　吳雲鵬著
　　　臺南市　經緯書局　1964年8月

　　本書1965年、1967年8月又各翻印一次。封面、書名頁和版權頁皆題「吳雲鵬著」。封面、書名頁的書名改為《中國文學史》。惟正文前大題作《中國文學小史》。刪去正文前〈十九版自序〉、〈十版自序〉。全書所以僅三十二章，是刪去〈最近的中國文學〉一章。

　　「吳雲鵬」大概是經緯書局慣用的假名，從國家圖書館「全國圖書書目資訊網」還可以查到另外兩種經緯書局出版的書，作者是「吳雲鵬」，茲條列如下：
1. 中國文學常識　吳雲鵬撰
　臺南市　經緯書局　1967年11月　109頁
　何人的著作，待考。
2. 中國經典常識　吳雲鵬撰
　臺南市　經緯書局　1967年11月　正文前2頁　正文138頁
　即朱自清的《經典常談》。

（三）《中國文學小史》　　邵影成著
　　　臺北市　天人出版社　1974年

　　本書正文前有目次3頁，〈序〉7頁，即原書的〈十九版自序〉，刪去〈十版自序〉。正文刪去〈最近的中國文學〉一章，

僅三十四章。本書用的作者名「邵影成」，是故意與「趙景深」諧音，也是個假名。

（四）《中國文學小史》　趙景深著
臺北市　中新書局　1977 年 7 月

本書正文前，有〈十九版自序〉5 頁，〈十版自序〉2 頁，目次 4 頁，合計 11 頁。正文三十五章。

（五）《中國文學小史》　趙景深著
臺北市　碧山岩出版社　1980 年 9 月

正文前〈目次〉3 頁，正文三十五章。附錄有〈新編中國文學史書目〉、〈中西文學史年表〉。此兩種附錄並非趙氏的著作，是出版者為提供讀者更多資料而加入的。所以，以前翻印的《小史》都沒有出現這些資料。

（六）《中國文學小史》　趙景深著
臺北市　莊嚴出版社　1982 年 2 月

正文前有〈目錄〉3 頁，〈十版自序〉2 頁，〈十九版自序〉5 頁，合計 10 頁。正文三十五章。

（七）《中國文學小史》　大夏出版社編
臺南市　大夏出版社　1983 年 4 月

正文前〈目錄〉3 頁，正文三十二章，刪去〈最近的中國文學〉一章。

另外,還有一、兩種翻印本沒有版權頁,封面、書背和書名頁,都不題作者,也沒有出版者,無法討論。

從上文的討論分析,可以得知:

其一、由於趙景深先生對自己著作的重視,幾乎隨時都在修改他這本《小史》,吸收最新的研究成果,讓這本書隨時保持最新穎的狀態。

其二、臺灣自一九五一年起,啟明書局即多次翻印此書,以後陸續有出版社跟進,到一九八三年結束。這三十三年間,至少有七、八家出版社翻印過此書,可見這書受歡迎的程度。

其三、由於是臺灣的戒嚴時期,翻印大陸書時,作者問題一定要處理。有些出版者將作者刪去,有些則改為本社編譯部,最罔顧出版道德是用假名來當作者,如經緯書局改為「吳雲鵬」,天人出版社改名為「邵影成」,用的都是假名。這對學術傷害有多大,不想也知。這種行為讓我們感到痛心。

```
國家圖書館出版品預行編目資料

偽書與禁書 / 林慶彰 著 -- 初版 . --
新北市：華藝學術, 2012. 11
    面；公分
ISBN 978-986-88916-1-6（平裝）

1. 辨偽學  2. 禁書

011.7                    101023521
```

偽書與禁書

作　　者／林慶彰
出 版 者／華藝學術出版社（Airiti Press Inc.）
發 行 人／陳建安
經　　理／范雅竹
總 編 輯／古曉凌
責任編輯／陳水福
執行編輯／陳水福、方文凌、謝佳珊
美術編輯／薛耀東、王筱瑄
封面設計／薛耀東
版面編排／薛耀東
行銷企劃／賴美璇
發行業務／楊子朋
訂購方式／戶名：華藝數位股份有限公司
　　　　　銀行：國泰世華銀行　中和分行
　　　　　帳號：045039022102
　　　　　地址：234 新北市永和區成功路一段 80 號 18 樓
　　　　　電話：(02)2926-6006　　傳真：(02)2231-7711
　　　　　服務信箱：press@airiti.com
法律顧問／立暘法律事務所　歐宇倫律師
ISBN ／ 978-986-88916-1-6
出版日期／2012 年 11 月初版
定　　價／新台幣 300 元

版權所有・翻印必究　　Printed in Taiwan